AF714239

Sofia Grillo

Bonner Straßengeschichten

Wartberg Verlag

Bildnachweis

Sofia Grillo: S. 6, 11, 12, 14, 15 oben, 20, 21, 24, 25 oben, 26, 29 unten, 31, 34, 35, 49, 50, 54, 62, 67, 68, 69 oben, 74, 76, 78; wikicommons: S. 7, 8 (Balthasar Friedrich Leizel), 9 links (Axel Kirch), 9 rechts (Rijksmuseum), 10, 13 (Udo Bürger), 15 unten (Axel Kirch), 16 (Bundesarchiv), 17 links (Jörgens), 17 rechts (Jörgens), 18 (Sir James), 19 (Carl Schaaf), 23 (Dietmar Rabich), 25 unten, 27 (Axel Kirch), 28 (Jörgens), 29 oben (Éva Romák), 30 (Olga Sonntag), 32 (Ventura35), 33 (Medea7), 36 (Olga Sonntag), 37 (Olga Sonntag), 38 (Anefo), 39 (Rasectos), 40 (Christian Wolf), 41 (Thomas Robbins), 42 (Raimond Spekking), 43 links (Simbel), 43 rechts (Sir James), 44 (Eckhard Henkel), 45 links (Udo Bürger), 45 rechts (Eckhard Henkel), 46 (Eckhard Henkel), 47 links (Eckhard Henkel), 47 rechts (Jpetersen), 48 oben (Eckhard Henkel), 51 (Eckhard Henkel), 52 (Jotquadrat), 53 (Wolkenkratzer), 55 links (Dr. Dieter Seitz), 55 rechts (Eckard Henkel), 56, 57 (Axel Kirch), 59 links (Alf van Beem), 59 rechts (Hagmann), 60 (Johann Ziegler), 61 (Sir James), 63 (Hagmann), 64 (Sir James), 65, 66 (Qualle), 69 unten (Dietmar Rabich), 70 (Axel Kirch), 71 (Axel Kirch), 73 links, 73 rechts (Thoma), 75 links (R/DV/RS), 75 rechts (Axel Kirch), 77 (ToLo46), 79 (Hagmann); ullstein bild: S. 22 (imageBROKER/Stefan Ziese); Katja Dietrich/Ingo Dietrich: S. 48 unten
Umschlagvorderseite: ullstein bild (imageBROKER/Florian Kopp)
Umschlagrückseite: wikicommons (Eckard Henkel)

Danksagung

Ein Dank geht an: Meinen Mann Tarik Ait Ayad, meine Eltern Anja und Giuseppe Grillo und meine Oma Barbara Kastrup sowie an: Daniel Albrecht, Rainer Born, Fatima Bütow, Salah Cheko, Katja und Ingo Dietrich, Georg Divossen, Michael Fuchs, General Anzeiger Bonn, Marion Hegner, Ty Hennessey, Dieter Hilsberg, Tim Iking, Wolfgang Koll, Martin Linder, Stephan Löbbert, Harald Löschke, Arnulf Marquardt-Kuron, Youssef Mrabet, Amir und Saman Nokhbezaim, Günter Pütz, Herbert Radermacher, Sonja Reuel, Bernd Rott, Fabrice Salatin, Zekai Savas, Jörg Schmidt-Terhorst, Sylvia Schmitz, Susanne Steckelbach, Silke Thun, Rachid Touhami, Ali Ufukhan, Alvaro Vesga Vargas, Max Walbroel

1. Auflage 2024
Alle Rechte vorbehalten, auch die des auszugsweisen Nachdrucks
und der fotomechanischen Wiedergabe.
Layout und Satz: Christiane Zay, Passau
Druck: Druck- und Verlagshaus Thiele & Schwarz GmbH, Kassel
Buchbinderische Verarbeitung: Buchbinderei S. R. Büge, Celle
© Wartberg-Verlag GmbH
34281 Gudensberg-Gleichen, Im Wiesental 1
Telefon: 0 56 03-9 30 50
www.wartberg-verlag.de
ISBN 978-3-83132-3593-0

Vorwort

Das Leben in der eigenen Stadt lässt einen in der Hektik des Alltags die Straßen meist nur als Wege, die Gebäude als vorbeirauschende Straßen-Begrenzungen und die Plätze als zu überquerende Freiflächen, höchstens vielleicht noch als Pausen-Terrassen, wahrnehmen. Wie gut schaut man noch hin, wenn man auf die Uhr oder den Terminplan achten muss, wenn die Stadt, in der die Uhr tickt und die Termine rufen, eine täglich gesehene, selbstverständliche Kulisse ist?

In diesem Buch, liebe Leser, verlasse ich, Sofia Grillo, das alltägliche Tretrad und schaue genauer hin. Ich entdecke, dass Bonn keine Kulisse, sondern eine Bühne für spannende Geschichten ist, die einen ins Staunen versetzen. Kommen Sie mit auf einen Spaziergang durch die Stadt am Rhein, durch das Bonner Zentrum, die Alt- und Südstadt, durch Beuel, Endenich und Kessenich!

In diesem Buch erzähle ich von den Straßen und Plätzen in Bonn, von ihrer Geschichte und ihren Geschichten: Sie können etwa den Hauptmann von Köpenick dabei beobachten, wie er in der Nähe des Universitätsschlosses Fanpost verteilt, Sie fiebern mit dem Poppelsdorfer Schloss mit, das darum bangen musste, überhaupt gebaut zu werden, und erfahren, warum die Bonner beinahe auf Gondeln die Poppelsdorfer Allee hochgefahren wären oder warum die Knochen eines Mönchs per Post zum Kreuzberg geschickt worden sind.

Sie sehen in der Südstadt dabei zu, wie in ihr einst die Industrie dampfte und spuckte und sie sich in ein vornehmes Villenviertel verwandelte. Sie sehen die Handwerker in den Hinterhöfen ihrer Nordstadt arbeiten, bis in die Zeit hinein, als das Stadthaus und der Straßenbau dieses Treiben verschluckte. Stehen Sie mit Queen Victoria auf dem Balkon der heutigen Post und sehen Sie ihre Empörung bei der Enthüllung der Beethoven-Statue oder begleiten Sie die Bonner in ihren Nachtgewändern auf die Straße, wo sie Wassereimer um Wassereimer füllten, um den Großbrand des Kurfürstlichen Schlosses in eisiger Nacht unter Kontrolle zu bekommen.

Lassen Sie uns nun den Spaziergang beginnen. Vergessen Sie die Uhren, lesen Sie Wege als Geschichtsstränge, betrachten Sie Gebäude wie Einbände spannender Bücher und die Plätze als Handlungsräume für jahrhundertelanges, alltägliches Treiben in Bonn.

Sofia Grillo

Inhalt

Münsterplatz

Die Beethoven-Statue hat sich sicher längst daran gewöhnt, dass ständig Kameralinsen auf sie gerichtet sind. Das Abbild von Bonns berühmtesten Sohnes auf dem Münsterplatz ist eines der beliebtesten Fotomotive für Touristen der Stadt. Doch kehren wir den Blick einmal um: Vielleicht sind es nicht nur die Menschen und ihre Kameras, die Beethoven ständig betrachten, sondern die Statue selbst ist es, die unser Treiben stetig mitverfolgt hat. Mit einer Schreibfeder in seiner rechten Hand bewaffnet, ist Beethoven wohl der einzige Zeuge, der so viele Momentaufnahmen über eine so lange Zeit – von 1845 bis heute – vom Münsterplatz gesammelt hat. Was würde er uns erzählen?

Der Bonner Münsterplatz, eine weite, geschichtsträchtige Fläche im Herzen von Bonn.

Die weite Flucht aus Kopfsteinpflaster liegt vor ihm. Den Rahmen seines Sichtfeldes bilden das Galeria-Kaufhaus zu seiner Linken, das traditionsreiche Modekaufhaus „Sinn" am gegenüberliegenden Ende des Platzes, daneben das Bonner Münster und zu seiner Rechten das historische Gebäude der Commerzbank, an die sich Häuser anschließen und vor und in denen Menschen bewirtet werden. Doch weiß Beethoven, was hinter seinem Rücken liegt – das historische Postgebäude, das ihm stets eine gelbstrahlende Kulisse verleiht, oder die Straßen, die zum Bottler- und Friedensplatz führen? Augen am Hinterkopf sind an seinem bronzenen Haupt nicht zu entdecken und genau das hat bereits ganz zu Beginn seines Auftritts auf dem Münsterplatz zu einem Eklat geführt.

Aus Geldmangel wäre die Aufstellung der Statue fast gescheitert. Ein Musikerkollege eilte Beethoven zur Hilfe. Franz Liszt sammelte durch ein Spendenkonzert den fehlenden Restbetrag von 30.000 Mark, trieb zudem zu Ehren seines verstorbenen Kollegen die Organisation des ersten Beethovenfests für die Enthüllung des Denkmals voran und initiierte den Bau einer hölzernen Beethovenhalle für die Konzerte. Die Einweihung des Denkmals im August 1845 wuchs sich zu einer dreitägigen Feier aus, zu der hochkarätige Gäste geladen waren: etwa König Friedrich Wilhelm IV., Albert von Sachsen-Coburg-Gotha, Erzherzog Friedrich von Österreich oder Queen Victoria.

Zur großen Enthüllung des Denkmals wurden diese Gäste am 12. August auf den Balkon des heutigen Postgebäudes – damals das Fürstenbergische Palais – geladen. Als die Statue endlich ihr Angesicht zeigte, war der Fauxpas nicht mehr zu vermeiden. Anscheinend hatte niemand bedacht, dass Beethoven den hochrangigen Gästen den Rücken kehrte, während das einfache Volk auf dem Platze sein Gesicht zu sehen bekam. Die Entrüstung folgte sofort. Und leider war dies nicht der einzige Fauxpas, den sich Bonn im Namen seines berühmtesten Sohns leistete. Davon aber mehr, wenn es zum Bonner Marktplatz geht.

Der Münsterplatz mit Fürstenbergischem Palais, Bonn, ca. 1845. Heute ist in dem Gebäude die Post untergebracht.

Eklats, Feste, Epochen, Touristen und Bürger kommen und gehen auf dem Münsterplatz, der sowohl Durchgangsort zu allen zentralen Einkaufsstraßen als auch im Winter der Hauptplatz für den überregional bekannten Weihnachtsmarkt der Stadt ist. Neben all dem sich ständig ändernden Treiben gibt es Konstanten in Beethovens Blickfeld: die Gebäude. Beethoven schaut auf Turmspitzen – die des Universitätsgebäudes, der Kreuzkirche und natürlich die des zweiten prägenden und namensgebenden Denkmals auf dem Platz: die des Münsters.

Bis ins vierte Jahrhundert reicht die Geschichte des Münsterplatzes zurück. Damals entstand auf dem heutigen Platz eine Totengedenkstätte für die Märtyrer Cassius und Florentius. Die beiden Stadtpatrone waren Ende des dritten Jahrhunderts Heerführer der Thebäischen Legion gewesen, die zur Bekämpfung eines Aufstandes nach Gallien entsandt wurden. Als sich ein Teil der Legion weigerte, dem Kaiser die göttliche Ehre zu erweisen, ließ der Kaiser sie blutig verfolgen und hinrichten. Cassius und Florentius sollen enthaupten worden sein. Noch heute sind ihre rollenden Köpfe zu sehen. 2002 wurde eine Plastik des Künstlers Iskender Yediler auf dem Martinsplatz – im direkten Anschluss an den Münsterplatz an der Wesselstraße – aufgestellt, die die Häupter der beiden Heiligen darstellt.

Erst zwei Jahrhunderte nach der Errichtung der Gedenkstätte für Cassius und Florentius wurde eine Märtyrer-Kirche errichtet. Das Münster ließ noch einige Jahre auf sich warten. Bald bildete sich um die Märtyrer-Kirche eine kleine Siedlung des Cassiusstiftes, das im 7. Jahrhundert gegründet worden war, um die Pilgerströme zu betreuen. Die kulturelle Verehrung der Heiligen begann 1166 mit der Erhebung der Gebeine durch Probst Gerhard von Are. Dieser trieb sodann zwischen 1140 und 1250 den Bau der berühmten Münsterkirche voran. Eine neue Chor-Apsis, Gewölbe, ein neues Querschiff und ein mächtiger Turm ersetzen das bescheidene Bild des vorherigen klösterlichen Lebens auf dem Münsterplatz. Vom vorherigen Bau zeugt heute der Kreuzgang im Innern der Kirche, der als der am besten erhaltene romanische Kreuzgang im Rheinland gilt.

So wie wir heute kannte auch Beethoven das Münster in seiner stattlichen, alles überragenden Form. Seine Liebe zu dem sakralen Gebäude soll der Komponist einst im Gespräch mit seinem Bonner Freund Franz Gerhard Wegeler geäußert haben. Er denke „an das alte liebe Rathaus und an den Münsterplatz mit dem schönen alten Münster, und an das Schloss am Rhein – dafür gäbe ich ganz Wien hin“.

Am Hof

Die Straße ist kurz, so kurz, dass man ihr Ende beinahe schon sehen kann, wenn man an ihrem Anfang steht. Lang ist jedoch ihre Geschichte und imposant das Wahrzeichen Bonns, das die Straße prägt. Entlang der Straße „Am Hof", die von der Stockenstraße und der Straße „Am Neutor" begrenzt wird, zieht sich die gelbe Fassade des Universitätsschlosses. 1818 wurde das Schloss anlässlich der Gründung der Universität gemeinsam mit dem Poppelsdorfer Schloss von dem preußischen König Friedrich Wilhelm III. der Wissenschaft und Lehre zur Verfügung gestellt. Bevor jedoch dieses Kapitel aufgeschlagen wurde, erlebte das Schloss knapp 250 Jahre zuvor eine ganz andere Geschichte.

Der Vorgängerbau des Schlosses wurde 1567 bis 1577 gebaut, allerdings im Krieg gegen die Franzosen zerstört. Kurfürst Joseph Clemens ließ das Schloss nach italienischem Vorbild als lang gestreckten Vier-Flügel-Bau, der einen Innenhof umschließt, neu bauen. 1715 wurde das Gebäude um seine Seitenflügel erweitert und schloss so sein Umland ein – etwa den weiträumigen Hofgarten, auf dem heute Studenten ihre Pausen und Abendstunden sitzend, liegend, schlafend oder feiernd verbringen. Damals hatte man von der Wiese aus einen weiten Blick auf das Rheintal und Siebengebirge, während er heute aufgrund der Bebauung stärker begrenzt ist. In der Mitte des 18. Jahrhunderts ließ Kurfürst Clemens August den Bau um eine Galerie erweitern, die zur Anlegestelle der Schiffe am Rhein führte, erweitern. In der Mitte dieses Neubaus baute er ein neues Stadttor, das ganz wie in seiner Residenz in Brühl im Stil des Rokokos gebaut wurde: das Koblenzer Tor.

Als das kurfürstliche Schloss 1777 in Flammen stand, versetzte das ganz Bonn in Furcht und Schrecken.

Während in der Galerie heute gelernt wird, war sie in Zeiten des Kurfürsten ein Ort des Spektakels. In dem Opernhaus feierte der Kurfürst üppige Maskenbälle. Auch der berühmt-berüchtigte Schriftsteller und Frauenheld Giacomo Casanova soll 1760 zu Gast gewesen sein. Ein verheerender Schicksalsschlag beendete 1777 jäh jegliche Möglichkeit auf solche Feiern. Am 14. Januar nahmen lodernde Flammen die Residenz ein und brannten fünf Tage lang jeglichen Prunk bis auf die Grundmauern nieder. Das Feuer brach in der Nacht aus, während alle Bewohner des Schlosses, darunter Kurfürst Maximilian Friedrich, schliefen. Gegen 2 Uhr am Morgen bemerkte ein Page die Flammen, rettete sich und einen Kollegen rechtzeitig, ehe kurze Zeit später die Pulverkammer im obersten Stockwerk des Nordflügels explodierte.

Das Schloss brannte bereits an allen Enden. Ein kräftiger Winterwind fachte die Flammen an. Bürger, geweckt von der Explosion, stürzten auf die Straße. Diener versuchten die Kostbarkeiten aus dem Schloss zu retten. Der Kurfürst wurde in Nachtwäsche auf den Hofgarten gebracht, wo er fassungslos das Unheil erblickte. Indes wurde endlich die Brandglocke geläutet, was aus unerfindlichen Gründen erst um 3.30 Uhr geschah. Immer mehr Bürger kamen spärlich bekleidet auf die Straße und wurden von Brandschützern und Soldaten mit Gewalt in die Löschkette gestellt, um bei klirrender Kälte Eimer um Eimer mit Wasser ans Schloss zu befördern. Der Wind verteilte die Glut weiter und bald steckte er damit umliegende Häuser an. Aus

Der Haupteingang der Universität Bonn ist ein Arkadenhof.

Das kurfürstliche Schloss Bonn in den Jahren zwischen 1885 und 1895.

Angst um ihr eigenes Heim verließen viele Bürger die Löschkette und stürzten nach Hause. Die ganze Stadt drohte angesteckt zu werden. Fünf Tage lang bangten die Bonner um das Schloss und ihre Häuser. Endlich war der Spuk vorbei. Wodurch er entfacht worden ist, weiß man bis heute nicht. Damals vermutete man Brandstiftung.

Das Schloss wurde nach dem Brand nur provisorisch wieder aufgebaut, lediglich der zum Hofgarten weisende Flügel wurde instandgesetzt. Zur Stadtseite hin blieb eine eingeschossige Galerie erhalten. 1794 endete Bonns Kurfürstenzeit mit dem Einfall der Armeen Frankreichs, die das Schloss unter anderem als Lazarett nutzten. Dass sie wie wir – wenigstens von außen – das Schloss in seiner alten Pracht an der Straße „Am Hof“ bewundern können, haben die Bonner ihren Studenten zu verdanken. 1926 stieg der Raumbedarf der Universität, sodass man sich entschied, das Schloss nach den ursprünglichen Plänen zu rekonstruieren.

Gegenüber dem Schloss findet man heute einen Karnevalstempel, Cafés, Restaurants und Einzelhandelsgeschäfte. Unsichtbar für das Auge liegt in der Straße „Am Hof“ ein weiteres geschichtliches Schätzchen. In den Kolonnaden des Modekaufhauses Sinn befindet sich der Eingang zur Helenakapelle, die in der zweiten Hälfte des 12. Jahrhunderts von Gerhard von Are als Hauskapelle errichtet worden war. Er war es auch, der mit der Beschaffung von Reliquien der heiligen Helena 1135 die Legende um die Mutter des Kaisers Konstantin des Großen kreierte. Demnach soll sie die Gebeine der Heiligen Florentius und Cassius gefunden, in der Stätte auf dem heutigen Münsterplatz beerdigt und die erste Münsterkirche erbaut haben. Helena ist vermutlich um das Jahr 250 in der heutigen Türkei geboren worden und stammte aus einfachen Verhältnissen. Die Gastwirtin stieg 306 zur Kaiserin auf, als ihr Sohn, der aus einer Verbindung mit Constantinus Chlorus hervorging, Kaiser wurde. Bekannt wurde sie als Begründerin mehrerer Kirchen und mit der Legende, dass sie Teile des Christus-Kreuzes gefunden haben soll. Ihrem Andenken in Bonn wird man heute nur noch gewahr, wenn man das Modekaufhaus betritt, in dem die Kapelle von der ersten Etage aus zu sehen ist.

So kurz die Straße „Am Hof“ auch ist, so reich ist sie an Geschichten. An der Ecke Stockenstraße ist heute ein Restaurant zu finden. Das Gebäude hat eine lange gastronomische Tradition. Seit 1773 war es die Traditionswirtschaft Ruland, in der 1908 ein kleines Spektakel stattfand. Es verschlug den als „Hauptmann von Köpenik“ bekannten Friedrich Wilhelm Voigt in die Gaststätte in der Straße „Am Hof“, nachdem er zwei Jahre im Gefängnis verbracht hatte. Vogt hatte einen Raubüberfall auf die Stadtkasse von Berlin-Köpenik verübt. In der Bonner Gaststätte verkaufte er Postkarten mit seinem Konterfei und signierte sie sogar, wie Stars es heute mit Fanartikeln tun. Bald versammelten sich eine Menge Menschen vor dem Gasthaus, was wiederum die Polizei auf den Plan rief, die den Hochstapler erneut anzeigte, weil er ohne Gewerbeschein Waren verkaufte. Der Hauptmann von Köpenick war zwar nicht um Ausreden verlegen, musste aber am Ende eine Geldstrafe zahlen. Und damit endet die Reise durch die kurze Straße mit ihren unzähligen Geschichten.

Fürstenstraße

Erwähnt man heute die Fürstenstraße, so fragen viele Bonner, wo genau sie liegt. Die Aussage: „Direkt am Haupteingang zum Universitätsschloss" gibt den meisten zwar Aufschluss, aber keine genaue Vorstellung. Bei der Beschreibung „Dort, wo Bouvier und das Café Göttlich waren", geht vielen Alteingesessenen schließlich ein Licht auf. Die kurze Verbindungsstraße zwischen Uni-Hauptgebäude und Remigiusstraße könnte zentraler nicht liegen und stand einst stark im Fokus des alltäglichen Bonner Lebens. Hier befanden sich gleich zwei Institutionen, denen Bonner heute noch nachtrauern.

Die Bouvier-Buchhandlung versorgte von 1828 bis 2013 die Bonner mit Lesestoff. Die Buchhandlung an der Ecke Am Hof/Fürstenstraße mit 2000 Quadratmetern Verkaufsfläche zählte zu ihren Hochzeiten zu den vier größten deutschen Buchhandlungen. Die Schließung versetzte viele Kunden in große Trauer. Generationen von Bonnern genossen Bouvier als Tempel des Geistes, Fundgrube für Leselust und vertraute Stube, in der man alle Ecken und Winkel kannte. Heute befindet sich in dem Eckhaus eine Cocktailbar. Während das Gebäude für neue Generationen ein Ort für ausgelassene Abendstunden ist, bewahrt es für den ehemaligen Bouvier-Mitarbeiter Dieter Hilsberg jede Menge Erinnerungen hinter der Fassade.

Der Zirkelbau am Beginn der Fürstenstraße, hier war einst das Zuhause des Buchladens Bouvier.

1968 fing er an, im Alter von 20 Jahren in der Buchhandlung zu arbeiten und blieb bis zum Ende. „Die Atmosphäre war nicht wie heute im Einzelhandel auf Kommerz ausgelegt, sondern auf das Leben miteinander", berichtet er. „Man kannte alle Stammkunden, ebenso wie die Bettler, die sich jeden Morgen in der Straße versammelten, um ihre Gebiete zu verteilen." Die gute Stimmung unter den Mitarbeitern übertrug sich laut Hilsberger nicht nur auf die Kunden, sondern auf die gesamte Straße. „Es war ein richtiges Zusammenleben und es wirkte, als sei alles möglich. Stammgäste, Mitarbeiter, Professoren und Studenten, Kunden und Mitarbeiter des Café Göttlich, wir alle haben uns beispielsweise organisiert und einmal die Woche Fußball auf dem Hofgarten gespielt." Damit beschreibt Hilsberger vor allem seine ersten 20 Jahre bei Bouvier. Als das Geschäft ins Wanken geriet, war die Stimmung angespannter.

Die Buchhandelskette Thalia übernahm im Juli 2004 die insolvente Bouvier-Buchhandlung. 2010 eröffnete Thalia im Metropol am Markt eine Filiale und schloss drei Jahre später Bouvier an der Fürstenstraße. Als Grund gab Thalia den Branchenumbruch an. Schräg gegenüber sah man in Bouvier-Zeiten die Mitarbeiter ihre Mittagspause im Café Göttlich verbringen. Tagsüber trank man in der Mitte der Fürstenstraße Milchkaffee und abends Bier – beides mit göttlichen Schaumkronen verziert. 1988 öffnete das Café unmittelbar am Uni-Schloss seine himmlischen Pforten, 2015 schloss es sie für immer. In den Herzen der Bonner ist das Kapitel Göttlich aber noch lange nicht abgeschlossen. Wie viele ihrer Stammgäste und Besucher schwelgen die Betreiber und Geschäftsführer des Cafés gern in Erinnerungen.

Die kleine, aber feine Fürstenstraße.

Und so fing alles an: Im Frühjahr 1988 saßen drei Männer in einem Café in der Bonner Südstadt zusammen: Alfred Hellmann, Schriftsteller, Kabarettist und damals Betreiber des Café Pawlow, Michael Fuchs, Steuerberater mit einer Kanzlei in Mondorf, und Jörg Schmidt-Terhorst, Journalist und Mitbetreiber mehrerer Bonner Kneipen. Alfred Hellmann hatte einen heißen Tipp: Als Nachtmensch gern zu später Stunde im „Igel" in der Bonner Fürstenstraße vorzufinden, hatte er von der Betreiberin Trude Geyer-Altmiks vernommen, dass sie sich mit 70 Jahren vorstellen könnte, sich aus dem Geschäft zurückzuziehen. Alle drei Männer wussten, dass sich mit dem Igel etwas machen ließe. Aber sie waren sich uneins, was genau. Sie stritten darüber, was wohl mehr Gewinn mache: Bier oder Kaffee? Sie schlossen einen Kompromiss: tagsüber Café, abends Kneipe. „Göttlich", sagte Schmidt-Terhorst zu diesem Plan und war damit Namensgeber für das Lokal.

Der Kompromiss wurde ein Erfolgsrezept: „Man kann die Szene im Göttlich eigentlich gar nicht so richtig beschreiben", sagt Günter Pütz, der später als Inhaber einstieg. „Studenten haben im Café ihre Vorlesungen geigen lassen, Mütter kamen, sowie Touristen und Künstler und abends das Party-Publikum. Wieder Studenten, Menschen der alternativen Szene, aber auch der eine oder andere Alkoholiker." 2014 wurde das Gebäude, in dem das Göttlich residierte an einen Investor verkauft. Das Haus war damals so sanierungsbedürftig, dass der Investor entschied, es abzureißen und deshalb den Pachtvertrag mit dem Café Göttlich nicht zu verlängern. Als unter den Gästen bekannt wurde, dass das Café schließen würde, reichten die Reaktion von „Wut bis Trauer", sagt Günter Pütz. Man munkelt, dass es sogar eine Unterschriftenaktion gegeben haben soll, bei der rund 300 Menschen die Stadt Bonn darum baten, sich für den Erhalt des Göttlich einzusetzen, da es inzwischen Weltkulturerbe sei.

Ehemalige Göttlich-Besucher kommen aber auch heute noch für einen Kaffee in die Fürstenstraße. Im Haus neben dem ehemaligen Café Göttlich gibt es nämlich seit 2002 ein Café, das bis 2015 Cafétiero hieß und danach in Café Fürst umbenannt worden ist. Seit 2017 führen es die Brüder Amir und Saman Nokhbezaim. Zwischen den Geschäften auf der Fürstenstraße, deren Inhaber mehr oder weniger oft wechseln, bleibt die Cafékultur auf der großen Terrasse und auf zwei Etagen Innenraum bestehen. Das Fürst ist ein Ort für Stammgäste jeden Alters, für Studenten und auch Touristen, allerdings ohne Partyabende. Amir Nokhbezaim erklärt, was die Fürstenstraße ausmacht: „Sie ist eine kleine Seitenstraße, aber keine enge Gasse, versteckt, aber sehr zentral. Die Bäume am Straßenrand machen sie schick, modern und gemütlich."

Amir Nokhbezaim führt die Café-Tradition in der Fürstenstraße weiter.

Remigiusplatz

Wenn Sylvia Schmitz aus ihrer Samenhandlung auf den Remigiusplatz schaut, so sieht sie ihre Familiengeschichte, ihre Kindheit und ihr zweites Zuhause. Vom Urgroßvater gegründet, besteht die Samenhandlung Schmitz bereits seit 1926. Sylvia Schmitz half als Kind in dem Fachgeschäft für Pflanzensamen aus und wohnte in der Wohnung darüber mit ihrer Familie. Inzwischen ist der Dreh- und Angelpunkt ihres Lebens beinahe nur noch ein Durchgangsort für Stadtbummler. Vor einigen Jahren konnte Schmitz auf dem Remigiusplatz zahlreiche Blumenstände beobachten, zu ihrer Linken sah sie eine weitläufige Terrasse, auf der Menschen verweilten, um einen Kaffee zu trinken. Viele Menschen besucht das Traditionsgasthaus gegenüber. Der Remigiusplatz hat sich stark verändert, doch das hat er im Laufe der Geschichte öfter getan.

Einst stand auf dem Platz, in dessen Mitte inzwischen ein moderner Kiosk zu finden ist, eine Kirche. Sankt Remigius war die Hauptkirche des Pfarrbezirks Bonn, der von der Beethovenhalle bis zum Alten Zoll, vom Rhein bis an den Bahnhof reichte. 795 wurde die Kirche erstmals urkundlich erwähnt. Wegen verschiedener Kriege und Brände muss es im Laufe der Jahrhunderte mehrere Kirchenbauwerke unter dem Namen Sankt Remigius gegeben haben. Der zuletzt verbliebene stand auf dem heutigen Remigiusplatz, der Kirchturm lag gegenüber der Acherstraße. 1968 brachten Grabungen Fundamente der alten Kirche hervor, die inzwischen gänzlich verschwunden ist. Doch nicht nur das. Beim Ausbau vom Keller eines Hauses tauchten 1975 plötzlich Knochen auf, die nicht etwa das Ergebnis eines vertuschten Mordes waren, sondern ein weiteres Relikt aus Kirchenzeiten. Die menschlichen Überreste gehörten zu einem Friedhof, der sich um die Kirche gebildet hatte. Der verschwand jedoch ebenso wie die Fundamente der Kirche unter dem Pflaster der Moderne, das die geschichtliche Bedeutung der Kirche für heutige Stadtbummler verbirgt.

Nicht nur, dass die städtische Brandglocke im Kirchturm hing, die beim verheerenden Brand des kurfürstlichen Schlosses Alarm schlug, auch Bonns berühmtester Bürger Ludwig van

Sylvia Schmitz vor dem Familienunternehmen, der Samenhandlung Schmitz auf dem Remigiusplatz.

Der frühere Römerplatz (später Remigiusplatz) im Jahre 1939.

Beethoven ist mit der verschwundenen Kirche eng verbunden. Seine Großeltern und seine Eltern haben einst in Sankt Remigius geheiratet. Am 17. Dezember 1770 soll der Komponist hier getauft worden sein. 30 Jahre später, am 15. Mai 1800, läutete ein Blitz die letzte Stunde seiner Taufkirche ein. Er schlug in den Turm ein, der daraufhin Feuer fing, was die Kirche schwer beschädigte. In Zeiten der Säkularisierung stand kein Geld für den Wiederaufbau von Sankt Remigius zur Verfügung. Zwischen 1806 und 1809 wurde sie aufgegeben und abgerissen. Aber es gibt Überbleibsel, denen man in anderen Kirchen begegnen kann. Die Brandglocke wurde im Turm der Namen-Jesu-Kirche in der Beethovengasse installiert, die Kanzel ist im Mittelschiff des Bonner Münsters zu finden, der Hochaltar sowie der Taufstein, über dem Beethoven getauft wurde, befinden sich in der heutigen Remigiuskirche in der Brüdergasse.

Ein ebenso tragisches Schicksal wie den Blitzeinschlag in Sankt Remigius erlebte Familie Schmitz auf dem Platz. Bevor Sylvia Schmitz' Vater die Samenhandlung übernahm, führte sie der Onkel des Vaters. Dieser hatte einen Sohn, der das Fachgeschäft hätte übernehmen sollen. Als der Sohn an einem alten Kiosk am Remigiusplatz Zigaretten für den Vater holen wollte, geschah das Unglück: Er wurde von einem LKW übersehen und überfahren. Daraufhin trat Sylvia Schmitz Vater die Nachfolge im Geschäft an, was wiederum seine Tochter zur derzeitigen Nachfolgerin machte.

Die Ladeninhaberin kennt den Remigiusplatz eigentlich belebter. Aber das Jahr 2019 läutete das Ende des Blumenmarktes auf dem Platz ein, der die kleine Insel zwischen Markt- und Münsterplatz in eine bunte Oase verwandelt hatte. Im selben Jahr schloss das Bonner Kaffeehaus, in dem heute ein Dekorationsgeschäft zu Hause ist. Schmitz erinnert sich: „Bis vorne an den Platz waren Stühle auf der Terrasse. Es war immer etwas los." Und dann war da das Traditionsgasthaus „Zum Bären" gegenüber der Samenhandlung. 2003 schloss es endgültig, nun erinnert nur noch eine unscheinbare Fassadenfigur an das Gasthaus, in dessen Räumen inzwischen Kleidung verkauft wird. Zuvor hatte sich das Lokal „Zum Bären" ganze 313 Jahre halten können. 1690 hatte der Wirt Anton Lenzen die Brauereirechte vom Kürfürsten Joseph Clemens erhalten.

Vieles ist fort, Sylvia Schmitz jedoch möchte bleiben: „Ich könnte den Remigiusplatz nicht verlassen, auch wenn ich inzwischen eine größere Ladenfläche bräuchte. Die Menschen gärtnern wieder und kommen gerne hier her, weil sie die persönliche Ansprache in einem Fachgeschäft an das alte Bonn erinnert."

Acherstraße/Am Dreieck/Mauspfad

Die Drei Grazien auf dem Brunnen Am Dreieck mit Blick auf die Straße Am Dreieck.

Drei Grazien stehen entblößt, Rücken an Rücken auf einer Kugel. Jede hat eine andere Richtung im Blick – eine schaut auf den Münsterplatz, eine auf die Acherstraße, die andere auf die Straße „Dreieck“. Die Figuren auf dem Drei-Grazien-Brunnen des Bildhauers Ernemann F. Sander stehen seit 1976 am Platz „Dreieck“, am Rande des Münsterplatzes. Die Grazien behalten jeden Winkel im Auge, sehen Menschen mit Einkaufstüten vorbeiziehen, sehen sie in den winzigen Ladenlokalen der schmalen Häuser der Acherstraße verschwinden und blicken auf verborgene Geschichte.

Die Acherstraße führt in einem starken Anstieg von dem Dreieck zum Remigiusplatz. Gemeinsam mit der parallel zu ihr laufenden Sternstraße folgt die Acherstraße exakt dem Verlauf der ersten Bonner Stadtmauer, die zwischen den beiden Straßen verlief. Im frühen Mittelalter war Bonn in zwei Teile gespalten: Es gab den Stiftsbezirk, die Villa Basilika, und die Marktsiedlung namens Vicus Bonnense. Der Stiftsbezirk wurde um 1000 von der Mauer begrenzt, von der der Verlauf der Acherstraße nach wie vor zeugt. An ihrem Ende am Remigiusplatz befand sich früher eine Brücke, die über einen Graben von dem Stiftsbezirk in die Marktsiedlung führt. Heute noch trägt die kleine Straße von Remigiusplatz zum Markt den Namen Marktbrücke. Später wurde der Graben eingeebnet, die Acherstraße beidseitig mit Häusern bebaut. Um 1211 ist urkundlich belegt, dass die beiden Bonner Teile als Oppidium Bonnense zusammengewachsen sind.

Die alte Stadtbefestigung ist nicht ganz verschwunden, Teile von ihr findet man in den Kellern und Fundamenten der Häuser in der Acherstraße. Zu ihnen gesellt sich ein weiteres Bonner Phänomen: die Doppelkeller. Dabei handelt es sich um zwei Keller, die übereinander gebaut worden sind. Man vermutet, dass sich das Straßenniveau über die Jahrhunderte durch Schutt und Abfall immer mehr angehoben hat und so die alten Keller nach und nach versanken. Also mussten die Keller aufgestockt werden und aus einem wurden zwei.

Zurück ans Tageslicht zum Sichtfeld der drei Grazien. Eine von ihnen sieht wenigstens aus dem Augenwinkel in eine kleine Gasse hinein, die vom Dreieck auf die Fürstenstraße führt: der Mauspfad. Augenscheinlich ist hier nicht mehr zu finden als der Wareneingang des Kaufhauses Galeria und die Glasbrücke, die von Kaufhaus zu Kaufhaus über den Mauspfad hinweg führt. Aber der Schein trügt. Schaut man im Dämmerlicht in die Gasse, so sieht man das nächtliche Publikum Bonns im Mauspfad verschwinden. Es findet Zuflucht im Irish Pub James Joyce, wo man zwischen urigem Holzmobiliar irische Gemütlichkeit zum Guiness und Cider serviert. Aber bereits außen

Die Drei Grazien auf dem Brunnen vor dem Knusperhäuschen mit Blick auf den Münsterplatz.

beginnt die Urigkeit. Die winzigen Fenster der alten Gemäuer sind mit hölzernen Fensterläden geschmückt, die Pforte ins Kneipenleben ist klein, schmal und ebenfalls hölzern. Durch sie sind schon lange vor dem Irish Pub Bonns Nachtschwärmer geschritten.

1880 eröffneten die Brüder Peter und Joseph Streng eine Weinstube mit Weinhandlung. Bevorzugt kehrten hier Professoren und Dozenten der Uni ein, die es freilich von ihrer Wirkungs- in ihre Weinstätte nicht weit hatten. Nach dem Zweiten Weltkrieg mischten sich Kommunalpolitiker und Bundestagsabgeordnete ins Publikum. 1954 füllte sich die Gästeliste mit einem Schlag mit zahlreichen berühmten Namen. Am 4. Juli 1954 feierte ganz Deutschland den Sieg der Nationalmannschaft der Fußballweltmeisterschaft in Bern. Die Nationalmannschaft feierte wiederum mit ihrem Bundestrainer Sepp Herberger in Bonn – und zwar in der Weinstube Streng, die bis 1970 bestand und in deren Gebäude bis heute die Gläser zu verschiedensten Anlässen klirren.

Während im Mauspfad der Alkohol der vorherrschende Genuss ist, hat in dem Haus, das direkt vor dem Irish Pub liegt, ein wesentlich harmloseres Getränk die Oberhand gewonnen. Im Knusperhäuschen, einem uralten freistehenden Fachwerkhaus mit freigelegten Balken, fließt der Tee in rauen Mengen. Das Unternehmen TeeGschwender hat vom Bonner Knusperhäuschen aus ganz Deutschland erobert, wo es inzwischen 125 Fachgeschäfte gibt. Ende der 70er-Jahre hatte das junge Paar Gwendalina und Albert Geschwender – sie 17 Jahre alt, er 20 – die Idee, Tee, der vorrangig in Beuteln gekauft und genossen wurde, lose zu verkaufen. Der erste Versuch, den sie in der eigenen Wohnung in Trier starteten, misslang. Sie versuchten es ein weiteres Mal in Bonn, das ihnen vor allem wegen seiner vielen Studenten zusagte. Bei ihrem ersten Rundgang durch Bonn gefiel ihnen das Knusperhäuschen sofort, das 1994 tatsächlich zum Stammhaus des Teehandels wurde. Seither wird im Knusperhäuschen geschlürft und im Sommer auf Bänken davor, die – wie die drei Grazien – im Dreieck mit Blick auf alle Winkel des Platzes um den Brunnen angeordnet sind.

Das James Joyce im Mauspfad war früher eine Weinstube mit Weinhandlung.

Sternstraße

Fast wie kleine Puppenhäuschen wirken die Geschäftslokale an der Sternstraße: Klein und schmal ziehen sie sich in Farben von Tortenglasuren entlang der Fußgängerzone, die Friedensplatz und Marktplatz verbindet. Groß aber ist an verkaufsstarken Tagen der Andrang. Die Sternstraße hat die wohl höchste Dichte an Einzelhandel in der Bonner Innenstadt. Kleidung, Schuhe, Parfüm, Accessoires, Unterwäsche, Küchenutensilien oder Süßigkeiten – es gibt kaum ein Produkt, das es in den kleinen Häuschen der Sternstraße nicht gibt. Auch wenn sich Waren und Einrichtung der Läden im Laufe der Zeit gewandelt haben, so hat sich die Sternstraße mit ihrem üppigen Angebot ihren traditionellen Charakter bewahrt.

An der engen Bebauung ist das mittelalterliche Bonn zu erkennen, als sich Händler und Handwerker innerhalb der Stadtmauer drängten. Erstmals urkundlich erwähnt ist die Sternstraße 1360 als „Pisternenstraße“, also als „Bäckerei-Straße“. Sternstraße war zunächst nur eine Abkürzung, die sich aber im 18. Jahrhundert endgültig als offizielle Bezeichnung durchsetzte. Wer beim Shoppen einmal über den Eingang eines Warentempels schaut, findet kleine Schilder, auf denen die alten Namen der jeweiligen Häuser und die Jahreszahl ihrer ersten überlieferten Erwähnung stehen. Die Häuser tragen Namen wie „Zum Hirz“ (das älteste bekannte Haus auf der Straße), „Zum goldenen Ring“ oder „Zum Bierbaum“. Der Bonner Heimat- und Geschichtsverein brachte die Schilder 1989 anlässlich der 2000-Jahr-Feier der Stadt an.

Die Sternstraße um 1988.

Hausnummern etablierten sich ab ca. Ende des 18. Jahrhunderts. Bis dahin trugen die Häuser Namen, die im Laufe der Zeit volksmundlich entstanden waren. Welche Geschichten genau hinter den historischen Namen stecken, ist kaum festzustellen, da man in den Archiven der Stadt nur zufällig und meist in ganz anderen Zusammenhängen über sie stolpert. So wie 2022. Bei Bauarbeiten in einem Ladenlokal in der Sternstraße legte man einen historischen Schriftzug frei. In der Sternstraße 46 fand man den Geschäftsnamen Adam Segschneider, der für den Duft von Kerzen und Badezusätzen stand. Der Inhaber war bekannt. Hauptmann Adam Segschneider übernahm 1920 die Führung der Artillerie der Bonner Stadtsoldaten. Eine seiner Amtshandlungen war es, den Abend des Karnevalsdienstags mit seinen Stadtsoldaten im eigenen Laden, zwischen Wachs und Badesalz, zu feiern. Damit begründet er eine Tradition.

Angestoßen wurde in der Sternstraße aber schon viel früher. Bereits 1482 wird das Haus, das heute die Nummer 78 und als Restaurant den Namen „Elefant“ trägt, als Haus „Zum Elephanten“ in den historischen Quellen erwähnt und steht seit jeher für eine Gastwirtschaft.

Seit 1850 kennt man die Gastwirtschaft am Anfang der Sternstraße vor allem unter ihrem Spitznamen „Zum Gequetschten Heiland“ oder abgekürzt „Zum Gequetschten“.

Seit 1850 kennt man es vor allem unter seinem Spitznamen „Zum Gequetschten Heiland“ oder abgekürzt „Zum Gequetschten“. Und das kam so: Nach einer Bittprozession kehrten Pilger in die Gaststätte ein und entschieden sich, ihr Jesus-Kreuz hinter der Eingangstür zu deponieren, während sie sich stärkten. Ein hereinstürmender Student, der nichts von der heiligen Präsenz ahnte, stieß die Eingangstür derart heftig auf, dass sie das Kruzifix traf und dem ohnehin leidenden Jesus einen Arm abbrach. Als die Pilger ihren Heiland abholten, stellen sie fest, dass dieser „gequetscht worden ist“ und etablierten damit einen Spitznamen, den Bonn so schnell nicht vergessen hat.

Früher war die Sternstraße nicht nur ein üppig ausgestatteter Gang für den Einkaufsbummel, sondern auch Durchgang für Verkäufer. Ab 1898 begann die Vorgebirgsbahn, genannt „der feurige Elias“, mit ihren Fahrten zwischen Bonn und Köln und transportierte die Bauern samt ihrer Ware in die Stadt. Endstation war am heutigen Friedensplatz. Um bis zum Marktplatz zu fahren, hätte die Bahn über die Sternstraße gemusst. Dabei standen dem feurigen Elias aber die Keller der Sternstraßen-Häuser im Wege, beziehungsweise unter dem Wege. Die Keller der schmalen Häuser gehen auf das Mittelalter zurück und nehmen mehr Platz ein, als man

Die Sternstraße: Ein malerischer Blick auf die enge mittelalterliche Bebauung.

denkt, sie reichen nämlich meist bis zur Straßenmitte. Unter der Straße gab es also Hohlräume und sie wäre unter der Last der Bahn zusammengebrochen.

Aus der Not machte man eine Tugend. Auf dem Weg zum Markt kehrten die Verkäufer gerne in eines der vielen Kaffeehäuser ein, die sich einst in der Sternstraße befanden. Unter ihnen war etwa das Café Scheben, das mit einer langen, rot gepolsterten Sitzbank und seinen Liebesknochen in Erinnerung geblieben ist. Liebesknochen waren längliche Küchlein, die in der Mitte mit Sahne gefüllt und außen mit Schokolade überzogen sind. In der Sternstraße 66 entstand 1881 das Café Tondorf, auch bekannt als Rollkuchendiele. Rollkuchen waren Teilchen in Schneckenform, die in langen Reihen gebacken wurden. Interessant ist das Café Tondorf vor allem, weil es für die Bauern aus dem Vorgebirge einen kostengünstigen Service anbot. Die Bauern brachten ihre eigene Wurst mit, setzten sich an einen langen Tisch, erhielten vom Wirt Besteck, Teller, Brötchen und Kaffee für einen Groschen und genossen ihr Frühstück.

Friedensplatz

Tische, so weit das Auge reicht, und an fast allen sitzen Gäste, die es sich schmecken lassen: Ein Burger-Restaurant, ein American Diner, gutbürgerliche Küche neben einem Dönerimbiss und einem Fast-Food-Restaurant sind an einer Seite des weitläufigen Platzes versammelt. Gegenüber kommen im Minutentakt Busse an, die weitere Gäste in die Innenstadt bringen. Wir befinden uns auf dem Friedensplatz, den man allerdings im Laufe der Geschichte unter zahlreichen anderen Namen kannte.

Erstmals urkundlich erwähnt wurde der Platz im Jahr 1715 unter seinem damaligen Namen „Viehmarkt". Er lag im Mittelalter außerhalb der Stadtmauern. Seit 1244 bildete das Sterntor den Abschluss der Stadt nach Westen. Längs des heutigen Friedensplatzes sicherte ein Wassergraben die Stadtmauer. Die Menschen handelten an dieser Stelle mit Vieh, da sie so der innerhalb der Stadtmauern erhobenen Schlacht- und Mahlsteuer entgehen konnten. 1899 bekam der Viehmarkt einen wesentlich prestigeträchtigeren Namen: Er wurde nach Kaiser Friedrich III. von Preußen in „Friedrichsplatz" umbenannt. Das änderte sich aber nach dem Ersten Weltkrieg wieder. Der Platz wurde in den 1920er-Jahren erstmals „Friedensplatz" genannt, er musste den Namen aber nach der Machtergreifung der Nationalsozialisten aufgeben. 1933 wurde er in „Adolf-Hitler-Platz" umbenannt. Nach der Kapitulation Nazideutschlands kehrte wieder Frieden ein und der Platz hat seit 1945 den Namen, unter dem die Bonner ihn kennen.

Der Friedensplatz 2009.

Ein ähnliches Hin und Her, wie es der Name des Friedensplatzes erlebte, musste auch das Sterntor mitmachen, das heute in der Vivatsgasse steht. Es hatte einst eine größere Bedeutung als heute, wo es die Funktion eines touristischen Schmuckstücks und beliebten Fotomotivs erfüllt. Mit den Stadtrechten erhielt Bonn 1244 das Privileg, Stadtmauern zu errichten. Die Befestigung wurde von mehreren Toren durchbrochen. Das Sterntor war eines davon und befand sich einst am Ende der Sternstraße. Als im 19. Jahrhundert die Stadt erweitert wurde, fielen den Plänen sämtliche Tore zum Opfer, das Sterntor konnte sich jedoch als letztes mittelalterliches Stadttor wacker halten. Zwischen 1888 und 1898 gab es heftige Auseinandersetzungen um den Erhalt des Sterntors. Einige Bürger forderten den Abriss, da das Tor den zunehmenden Verkehr behindere und zudem so baufällig sei, dass es gefährlich werden könne. Konservatorische Organe des preußischen Staates wollten es wiederum als Denkmal stehen lassen.

Schließlich fiel eine Entscheidung: Das Sterntor sollte abgerissen werden, die Planungen begannen. Aber der Kampf war noch nicht entschieden. Nun schaltete sich Kaiser Wilhelm II. ein, der als Prinz in Bonn studiert hatte, und verkündete, dass er Wert auf den Erhalt des To-

Aufnahme aus 1857–1920, das Sterntor in der Sternstraße.

res lege. Schließlich fand man einen Kompromiss. Das Tor sollte bleiben, nur nicht da, wo es stand. Es sollte Stein für Stein abgetragen und an anderer Stelle aufgebaut werden. Das Projekt gestaltete sich schwieriger als gedacht. Schließlich fiel das Sterntor unter dem Druck einer hydraulischen Obstpresse eines aus Niederbachem stammenden Krautfabrikanten am 6. August 1898 in sich zusammen. Erst ab 1900 wurde an seinem heutigen Standort das Ersatzbauwerk für das Sterntor geschaffen.

Nun war der Weg frei und der Friedensplatz konnte von Straßenbahnen angefahren werden. Rasch entwickelte er sich zu einem zentralen Verkehrsknotenpunkt. Das verstärkte sich, als ab dem Jahr 1911 die Siebengebirgsbahn den Platz anfuhr. Bis in die Gegenwart ist der Friedensplatz ein Verkehrsknotenpunkt, an dem zwar keine Straßenbahnen mehr halten, dafür aber sämtliche Buslinien Bonns.

Bevor Bahnen und Motoren auf dem Friedensplatz ihren Dampf ausspuckten, soll es hier gespukt haben. Als der Platz für den Handel mit Vieh genutzt wurde, ereigneten sich laut einer Bonner Legende sonderbare Vorkommnisse in einem Gasthaus am damaligen „Viehmarkt". Dem Gasthaus sagte man nach, dass Geister darin des Nachts ihr Unwesen trieben. Bald traute sich niemand mehr, dort zu übernachten. Eines Abends blieb aber einem Bornheimer Metzger und seinem Hund nichts anderes übrig, als in dem Geister-Gasthaus ein Zimmer für die Nacht zu nehmen. Selbst der Wirt warnte den Metzger und brachte es vor lauter Furcht nicht über sich, über Nacht im eigenen Hause zu bleiben. Der Übernachtungsgast und sein Vierbeiner waren also allein, als um Mitternacht ein großes Gepolter auf dem Speicher begann. Plötzlich sprang die Tür auf und eine haarige Kreatur mit Ketten und Hörnern betrat die Schlafstube. Der Metzger ließ seinen Hund auf das Ungeheuer los, das wiederum feige die Flucht ergriff und damit seinen Schrecken verlor.

Die Kreatur war nichts weiter als ein mit einem Ochsenfell verkleideter Nachbar, wie sich herausstellte. Jeden Abend war er über das Dach in den Speicher des Gasthauses gekrochen und hatte seinen Spuk getrieben – und das aus Gier. Er wollte damit den Wert des Gasthauses mindern und es schließlich selbst kaufen. Aber daraus wurde dank des Metzger und seinem Hund nichts und der Nachbar kam ins Gefängnis.

Friedrichstraße

Die Friedrichstraße ist in ständiger Bewegung. Paare und Familien schlendern gemütlich in ihrer Mitte. Kommen sie an einem Café oder Restaurant vorbei, werden sie langsamer, drehen den Kopf Richtung Auslage oder Speisekarte und überlegen. Andere haben sich schon entschieden, etwa für asiatisches oder persisches Essen, für Pizza oder Burger, Kaffee und Kuchen. Vom Friedensplatz bis zum Ende des Bertha-von-Suttner-Platzes zieht sich der etwa 335 Meter lange Korridor der Friedrichstraße, der sich mit Restaurants und kleinen Geschäften zu einer beliebten Flaniermeile entwickelt hat.

Als „südländisches Flair" bezeichnet die Gastronomin Sonja Reuel die Stimmung in der Straße. Etwa 27 Jahre lang hat sie dies in ihrer Gaststätte „Sonjas" beobachten können. 1987 kam Reuel mit einer Ausbildung zur Hotelfachfrau und Erfahrungen mit einem eigenen Lokal aus München nach Bonn. Ihre Karriere begann sie als Wirtin in einer Kneipe am Dreieck. Niemand hatte der Frau „von außerhalb" große Chancen eingeräumt – eine Fehleinschätzung. Nach zehn Jahren im „Dreieck 5" und der Suche nach einem Lokal mit Außengastronomie fand Reuel das Ecklokal an der Friedrichstraße und eröffnete ihre neue Wirtschaft, die unter ihrem Vornamen zum Stammlokal vieler Bonner wurde. Ende 2023 schloss Sonja Reuel schweren Herzens ihr Traditionslokal. Sie resümiert: „Die Friedrichstraße ist keine reine Kaufstraße. Guter Einzelhandel und viel Gastronomie bringt das Leben her, aber eines ohne Hektik. Hier gibt es immer etwas zu sehen."

Herbert Rademacher in seinem Kindermoden-Geschäft Carussell in der Friedrichstraße.

Heute sind es Stadtbummler und Fußgänger, früher waren es Kutschen, Karren, später die Straßenbahn und Autos, die zu sehen waren. Der heutige Verlauf der Friedrichstraße entstand erst im 19. Jahrhundert. Zuvor wurde die Straße durch ein Hofgut in der Mitte durchschnitten. Als die Trennung schwand und die alte Rheinbrücke entstand, wurde die Friedrichstraße zum wichtigsten und hoch frequentierten Verbindungsweg von Bonn nach Beuel. Von 1902 bis 1969 fuhr sogar die Straßenbahn durch die heute verkehrsberuhigte Straße. Die Jugendstilhäuser, die der Atmosphäre der Flaniermeile ihren Charme geben, hatten das Bombardement des Zweiten Weltkriegs größtenteils überlebt. Dem Zeitgeist geschuldet, sah die Stadt als Bundeshauptstadt keinen Grund, in der Straße mit ihren historischen Häusern das Potenzial zu entdecken, das sie heute entfaltet hat. Als in den 1960er-Jahren die Fußgängerzone im Zentrum eingerichtet wurde, bezog man die Friedrichstraße nicht mit ein. Die Einzelhändler und Hauseigentümer machten stetig Druck, der Erfolg stellte sich aber erst 40 Jahre später ein. Seit 1997 wird auf der Friedrichstraße nur noch flaniert, nicht mehr gefahren.

Vom 17. bis zum 19. Jahrhundert wurde auf der zentralen Straße sogar gepilgert. Etwa auf Höhe

Sonja Reuel hinter dem Tresen ihrer Traditionskneipe Sonjas.

der Ecke Friedrichstraße/Kesselgasse wurde im 17. Jahrhundert ein Hospital erbaut. Es ersetzte ein Krankenhaus, das im 15. Jahrhundert in der Sternstraße eingerichtet und 1689 durch einen Brand gänzlich zerstört worden war. Im Hospital in der Friedrichstraße, die aufgrund der Einrichtung damals „Hospitalgasse" genannt wurde, brachte man zunächst bedürftige Kranke sowie Pilger des Jacobsweges auf ihrer Reise nach Santiago de Compostela unter. Seit 1839 diente das Hospital als Herberge für erwerbsunfähige Witwen.

Ein anderer Zeitsprung offenbart einen weiteren, frühen Namen der Friedrichstraße, deren endgültiger Name sich auf den Erzbischof und Kurfürst von Köln, Maximilian Friedrich von Königsegg-Rothenfels, bezieht. Zwischen Wenzelgasse und Bonngasse konzentrierte sich im 14. Jahrhundert das jüdische Leben Bonns, sodass der Bereich auf der heutigen Friedrichstraße als „Judengasse" bekannt war. Hier stand etwa um 1320 eine Synagoge und eine Mikwa, also ein Bad für die rituelle Reinigung.

Heute verbinden die Bonner die Friedrichstraße mit einem beständigen Wechsel aus Gastronomie und inhabergeführtem Einzelhandel. Mehr als 25 Jahre verkauft etwa der Einzelhändler Herbert Rademacher in dieser Straße Kindermode. Neben seinem Geschäft liegen ein Espressostudio und eine Eisdiele. Für Rademacher ist der Standort in Zeiten, in denen internationale Ketten und häufige Geschäftswechsel die Innenstädte dominieren, der beste in Bonn: „Der Einzelhandel hat es schwer. Die Cafés und Restaurants auf der Friedrichstraße bringen aber Abwechslung, ziehen Menschen an, lassen sie verweilen und wecken damit in ihnen wiederum das Interesse für die angrenzenden Geschäfte", schwärmt er. Als Rademacher im August 1972 zum ersten Mal die Ladenpforte seines Kindermoden-Geschäfts „Carussell" öffnete, tat er das in einem anderen Bonn: in der Bundeshauptstadt. Botschaften, Verbände und Behörden holten Menschen aus allen Ecken Deutschlands und internationales Publikum in die Stadt am Rhein. Vor allem Bad Godesberg war ein Pflaster dieser wirtschaftlichen und politischen Fluktuation und damit der perfekte Ort für Radermachers Geschäftsidee.

Unterhalb der Godesburg, in der Straße Am Michaelshof, eröffnete er seine erste Filiale. Der Laden lief so gut, dass er 1986 eine weitere Filiale in der Bonner Innenstadt, in der Bonngasse, eröffnen konnte, wo vor allem Laufkundschaft und Touristen unterwegs waren. 1999 zog die Filiale in die Friedrichstraße. Die Friedrichstraße, so Rademacher, sei das beste Beispiel dafür, wie sich Innenstädte weiterhin gegen das Internet behaupten können, nämlich mit Fachgeschäften, persönlicher Ansprache und dem gewissen „Flair".

Bonngasse

Es gibt wohl kaum einen Tag in Bonn, an dem sich keine Traube vor dem rosafarbenen, schmalen Gebäude an der Bonngasse bildet. In wie vielen Nationen der Welt gibt es ein Foto dieses Motivs in den privaten Archiven? Manche mögen es ahnen. Die Rede ist von Beethovens Geburtshaus in der Bonngasse 20. Obwohl es in der Bonngasse mehr zu entdecken gibt, das einen Schnappschuss wert ist, schauen wir in diesem Kapitel zunächst durch die Kameralinsen, die auf die rosafarbene Fassade gerichtet sind.

Genaugenommen fotografieren die Touristen gar nicht Beethovens Geburtsstätte, denn die liegt versteckt im Hinterhaus des Gebäudes an der Bonngasse. Beethovens Vater Johann, Tenorsänger an der Hofkapelle Bonns, und seine Ehefrau Maria Magdalena bezogen 1767 das Hinterhaus. Sie wohnten bescheiden: Im Erdgeschoss war eine Küche und ein Wirtschaftsraum, im ersten Stock eine Stube und unter dem Dach eine winzige Kammer, in der Ludwig van Beethoven im Dezember 1770 geboren wurde. Tatsächlich hat die Familie nur rund vier Jahre in der heutigen Pilgerstätte für Beethoven-Fans gelebt. Was die wenigsten Fotografierenden wissen: Sie könnten sich auf eine Pilgerfahrt durch das gesamte Bonner Zentrum begeben und viele weitere Beethoven-Häuser ablichten.

Das Geburtshaus Beethovens gehört zu den beliebtesten Fotomotiven.

Vom Haus in der Bonngasse zog Familie Beethoven in eines in der Straße „Am Dreieck“. Nach fünf Jahren ein erneuter Umzug, 1776 wohnte die Familie im Haus „Zum Walfisch“ in der Rheingasse (heute auf Höhe Nummer 24). Aber nur kurz, im selben Jahr ging es in die Neugasse, in die heutige Rathausgasse 12. Dort erlebte die Familie den verheerenden Brand des Bonner Schlosses und floh. Sie kehrte zurück ins Haus „Zum Walfisch“, wo sie 1784 vom Wasser bedroht wurde. Aufgrund des Jahrhunderthochwassers zog die Familie weiter in die Stockenstraße. 1785 ging es wieder zurück an den Rhein, fünf Häuser vom alten Heim entfernt. Da diese Wohnung zu klein war, zog die Familie – wie sollte es anders sein – schließlich wieder in das Haus „Zum Walfisch“. Hier verbrachte Ludwig van Beethoven insgesamt zehn Jahre seines Lebens. 1786 verabschiedete er sich endgültig von Bonn, der Stadt, die sich, stolz auf ihren berühmten Bürger, die Beethoven-Stadt nennt.

Damit sind wir zurück in die Bonngasse. Das heutige Beethovenhaus wurde 1889 von einem Förderverein erworben, ebenso wie das Vorderhaus und das Nebenhaus. Nach einer Restaurierung wurden das Museum, ein Beethovenarchiv und ein Kammermusiksaal eingerichtet.

Die Herz-Jesu-Kirche.

Die Kameralinsen müssen sich nur ein wenig nach links vom Beethovenhaus wegdrehen und schon haben sie einen weiteren Ort im Bild, der einen Schnappschuss wert ist. Am Rand zum Bertha-von-Suttner-Platz schließt das Gasthaus „Im Stiefel" die Bonngasse ab. Seit 1771 ist eine Gastwirtschaft bezeugt und ganz ohne Beethoven kommt seine Geschichte selbstverständlich nicht aus. Hier soll nämlich der Vater des Komponisten, der zunehmend der Alkoholsucht verfiel, gerne gezecht haben. Er soll dort so viel getrunken haben, dass dem Wirt nach dem Tod Johanns 1792 aufgrund der nun ausfallenden Einnahmen kondoliert wurde, heißt es.

Das Haus, das heute ein stolzes Fotomotiv darstellt, wurde 1800 erbaut. Ab 1820 verkaufte darin Brauer Gerhard Peters seine Biere und sein Korn. Dabei hatte er einen Helfer, den Brauburschen Stephan Sarter, der später sicher über sein damaliges Gehalt gelacht hat. Er mauserte sich nämlich zum Sachverständigen an der Börse, wurde Millionär, dann Baron und erbaute 1882 die Drachenburg, die im Siebengebirge wiederum eines der beliebtesten Fotomotive von Touristen ist.

Nun aber genug an ein und derselben Stelle gestanden und fotografiert! Die Bonngasse zieht sich schließlich vom Bertha-von-Suttner-Platz bis zum Marktplatz, vorbei an Cafés und Einzelhandel. Und da fügt sich in der Mitte der Straße eine Kirchenfassade in die zusammenhängende Gebäudereihe ein. Die Herz-Jesu-Kirche ist der letzte Schnappschuss auf der Bonngasse. Ihre Steine erzählen eine bewegte Geschichte von der Idee einer Kirche bis zur Erbauung. Auslöser für den Bau war der Fund eines Holzarbeiters, der in einem Stück Buchenholz eine Maserung gefunden hat, in der er den Namen Jesu zu erkennen glaubte. Kurfürst Max Heinrich war davon so beeindruckt, dass er 1682 zu Ehren dieses Fundstücks den Jesuiten eine Kirche bauen wollte.

Das dauerte und erst 1694 wurde die Kirche zum ersten Mal benutzt. Das lag zu Anfang an Unstimmigkeiten zwischen dem Bauherrn und den Jesuiten wegen des Bauplans. 1686 gab der Kurfürst den Vorstellungen der Geistlichen nach. Zwei Jahre später starb der Kurfürst und hinterließ zwar die Mittel für den Bau, nahm aber die treibende Motivation mit ins Grab. Nach der Belagerung und Zerstörung Bonns 1689 durch die Franzosen wurde das Baumaterial der Kirche für die Befestigung der Stadt abgezweigt. Als die Franzosen über Bonn herrschten, vertrieben sie die Jesuiten, die sie der Verschwörung verdächtigten und die erst nach der Rückeroberung in die Stadt zurückkehrten. Ihre angefangene Kirche war glücklicherweise nicht zerstört worden, sodass der Bau 1692 endlich wieder aufgenommen werden konnte, was uns heute ein schönes Fotomotiv mehr in einer der berühmtesten Gassen Bonns beschert.

Marktplatz

Ein Taubenschwarm taucht über dem Dach des Sternhotels auf, bewegt sich auf sein Zentrum, den Obelisken, zu und löst sich auf. Einige Vögel landen auf dem Boden und suchen nach Essbarem. Die Vögel, die weiterfliegen, zerstreuen sich in alle Himmelsrichtungen. Schaut man aus der Vogelperspektive vom Balkon des ehemaligen Metropolkinos und der Buchhandlung Thalia auf den Marktplatz, sieht man, dass die Menschen es den tierischen Stadtbewohnern beinahe gleichtun. In Schwärmen kommen sie vom Bischofsplatz, der Marktbrücke, der Sternstraße oder der Brüdergasse auf das Zentrum des Marktplatzes zu. Dann vereinzeln sie sich. Für manche ist der Platz ein Durchgang, für andere ist er das Ziel für eine Besorgung.

Bereits vor Jahrhunderten hätte ein Flug über den Bonner Marktplatz ein ähnliches Bild geboten, denn der Platz hat seinen Ursprung im 11. Jahrhundert. Als „Oppidum bonnese" bezeichnet, war er Ausgangspunkt der unbefestigten bürgerlichen Siedlung. Hauptsächlich diente der Markt wie heute dem Kauf und Verkauf von Waren. Während die Sicht der Fußgänger im täglichen Markttreiben damals wie heute nicht weiter als bis zum nächsten Stand oder zum Rücken der Vorangehenden reicht, bietet die Vogelperspektive auf dem Balkon des alten Kinos – der letzte größere Kinosaal im Art-Déco-Stil in Deutschland, der 2006 endgültige geschlossen wurde – heute einen Überblick über die Anordnung der Verkaufswagen in ihrer Gesamtheit. Obst- und Gemüsestände ziehen eine Diagonale auf dem Platz. Um den Obelisken gruppieren sich Foodtrucks. Auf der anderen Seite der Diagonale der Gemüsehändler findet man Verkäufer, die mit Brot, Honig, Feinkost, Wurst und Käse den Gang zum Supermarkt überflüssig machen.

Der Bonner Marktplatz vom Balkon der Thalia-Buchhandlung aus betrachtet.

Seit über 48 Jahren ist der Fleisch- und Wurst-Stand Steckelbach ein fester Bestandteil dieses Gesamtbildes. Heute betreibt ihn nicht mehr der Begründer Hans Steckelbach, sondern seine Tochter Susanne, die als Kind natürlich ausgeholfen hat. Der Marktplatz ist ihr zweiter Wohnort. „Ich gehöre inzwischen zum alten Eisen", sagt die Verkäuferin. Seit beinahe vier Jahrzehnten beobachtet sie den zentralen Bonner Ort und sieht, dass er sich verändert hat. „Früher war hier wesentlich mehr los. Da gab es nicht nur zwei, sondern bis zu 20 Obst- und Gemüsestände", erzählt sie. „Die beste Zeit hatte der Marktplatz, als Bonn noch Bundeshauptstadt war."

Schweift der Blick weiter zurück in die Vergangenheit, so sieht man nicht nur die Verkaufsstände, sondern auch, dass die den Markt prägende Bauten ganz anders aussahen. Waren die Häuserzeilen am Markt bis ins 18. Jahrhundert hinein zweistöckig, so wurden sie während der Umformung der Stadt ab 1871 durch doppelt so hohe ersetzt. Nun überragte das Sternhotel, das 1616 seinen Ursprung hat, das bis dahin am Markt dominierende Rathaus. Das steht seit 1738 in der heutigen Form auf dem Marktplatz und entstand als Ersatz für das 1689 zerstörte frühere Rathaus. Auf der Freitreppe, auf der in-

Seit 48 Jahren ist der Fleisch- und Wurst-Stand Steckelbach ein fester Bestandteil des Bonner Marktes. Standbetreiberin Susanne Steckelbach gehört zum „Inventar".

zwischen vor allem Touristen und Brautpaare für Erinnerungsfotos stehen, winkten zu Bundeshauptstadt-Zeiten Queen Elizabeth II., Charles de Gaulle oder John F. Kennedy den Menschen auf dem Marktplatz zu.

Vielleicht vernahmen sie es, vielleicht auch nicht, das Poltern weiter zurückliegender Großereignisse auf dem Bonner Marktplatz, die aus dem Gebäude zur Rechten der ehemaligen Stadtverwaltung kommen. Dort steht Bonns ältestes bestehendes Lokal „Em Höttche", das 1389 als Haus „Zur Blomen" erstmals erwähnt ist. 1583 feierte Kurfürst und Erzbischof Gebhard Truchseß von Waldburg hier sein Hochzeitsmahl. Als sich der Stadtrat weigerte, ihm den Stadtschlüssel auszuhändigen, kam es zum Streit. Die Bonner, empört von der Nachricht, der Kurfürst wolle sich der Stadt bemächtigen, besetzten kurzerhand das Rathaus, die Stadtmauern und -tore. Die Hochzeit endete im Chaos und das Brautpaar flüchtete Hals über Kopf vor dem eigenen Fest, was den Wirt des Gasthauses zum Leidtragenden machte. Mit dem Kurfürsten war der Zahlende des Festmahls verschwunden, sodass der Wirt auf dem Großteil der Kosten sitzen blieb.

Im Nachbargebäude der Gaststätte, dem Sternhotel, endete 300 Jahre später erneut ein Festmahl im Chaos. Die Missgeschicke der Enthüllung des Beethoven-Denkmals nahmen hier ihren Fortgang. Die hohen Herrschaften, die zuvor vom Anblick des Rückens der Statue beleidigt wurden, sollten im Sternhotel einen gemütlichen Ausgang des Spektakels erleben, bekamen aber wieder nur die Kehrseite davon. Die anwesenden Franzosen fühlten sich von den Trinksprüchen von Franz Liszt übergangen, was der Anlass für einen ausufernden Tumult war. Studenten lärmten, Gäste forderten sich gegenseitig heraus, auf einem anderen Tisch tanzte die Geliebte Liszts, was mit anzüglichen Scherzen kommentiert wurde, das Handgemenge und Chaos war unaufhaltbar und der Abend wurde abgebrochen.

Kehren wir vom Flug durch die Vergangenheit zurück und heften den Blick auf ein neues Phänomen, das den Marktplatz prägt. Die Nachfrage nach einer großen Auswahl an Speisen aus Foodtrucks – kleinen Küchen in Kleintransportern – wird vor dem Alten Rathaus bedient. Statt der Zutaten für Selbstgekochtes, finden die Bonner inzwischen eine breite Auswahl von fertigen Speisen der unterschiedlichsten Nationalitäten: von der Currywurst bis zum indischen Curry, von italienischer Pasta bis zu ungarischen Langos, von Fruchtsaft bis Wein, von tierisch bis vegan. Dieses Angebot zieht die Bonner bei jeder Jahreszeit auf ihren Marktplatz, sodass der Blick aus der Vogelperspektive nie auf Stillstand, immer aber auf ein Wimmelbild des alltäglichen Lebens und vergangener Zeiten trifft.

Der Marktplatz um 1900.

Kaiserplatz

An Regentagen und am Abend wirkt der Holzverschlag auf dem Bonner Kaiserplatz ganz unscheinbar, aber am Tage enthüllt er seine Schätze. Bücher über Bücher, Meisterwerke der Weltliteratur oder Bildbände. Seit 1989 öffnet Marion Hegner regelmäßig den Holzverschlag am Kaiserbrunnen und setzt damit die alte Tradition fahrender Bücher auf Karren fort, von denen es in Bonn einst sehr viele gab. Hegners Bücherkarren ist heute der einzige in der Stadt. Die älteste Erwähnung eines Bücherkarrens in Deutschland stammt aus der Zeit um 1900, so die Buchhändlerin.

Der älteste Hinweis auf Bonner Bücherkarren stammt von 1950. Darin wird geschildert, dass Studenten von der Gewerbeaufsicht die Genehmigung erhielten, einen fahrenden Bücherverkaufsstand am Kaiserplatz aufzustellen – vielleicht ganz in der Nähe von Hegners Bücherkarren? Das ist nicht mehr herauszufinden. Aber Hegner weiß, dass es viele fahrende Buchhändler gab, die ihre Stände meist vor Universitätsgebäuden aufstellten und abends wieder abfuhren. Sie fährt nicht mehr jeden

Der Bücherkarren und seine Besitzerin auf dem Kaiserplatz.

Abend ab. Ihr Karren bleibt an Ort und Stelle und der ist am oberen Ende des Kaiserplatzes, der vom Universitätsgebäude, der evangelischen Kreuzkirche und dem Busbahnhof eingerahmt wird. Mit dem Rücken zur Uni und dem Hofgarten blickt die Buchhändlerin täglich auf den Platz, seinen Grünstreifen in der Mitte und seine Geschäfte zu Hegners Rechten.

Der Kaiserplatz hat keine historisch gewachsene Funktion. Er war und ist Sichtachse zwischen Kurfürstlichem Schloss und Poppelsdorfer Schloss. Seinen Namen bekam der Platz aufgrund der patriotischen Stimmung nach dem Deutsch-Französischen Krieg 1870/71 im Lande. 1874 beschloss man, ihn nach dem ersten deutschen Kaiser, Wilhelm Friedrich Ludwig von Preußen (Wilhelm I.), zu benennen.

Während heute im Winter nur gähnende Leere zu sehen ist, füllt sich der Platz im Sommer mit Tischen, Stühlen, Kellnern, Bonnern und Touristen, die Genuss und Abkühlung suchen. An keinem anderen Ort in der Bonner Innenstadt wird so viel Eis verkauft wie auf dem Kaiserplatz. Hier gibt es gleich drei Eisdielen, die sich auf die gesamte Länge der Geschäftszeile verteilen. Angefangen hat diese „Spezialisierung" mit der Eisdiele Lazzarin, genau auf Höhe von Hegners Bücherkarren. Die Familie begann 1931 mit dem Eisverkauf in Bad Godesberg. Ab 1935 versorgte sie das Bonner Zentrum mit der kühlen Köstlichkeit. Seit die Familie 2016 aus ihrem Kaiserplatz-Lokal ausgezogen ist, wechseln die Inhaber und Namen, das Eis ist geblieben.

Nicht immer hat Hegner beim täglichen Blick auf den Platz so viele Eisbecher gesehen. Ein Stammgast des ehemaligen Eiscafé Lazzarin beschreibt den Wandel. Anfang der 90er-Jahre hat Rachid Touhami in der Kaiserpassage im Restaurant „Kaiser von China" gearbeitet, seine Freizeit verbrachte er in der Eisdiele am Kaiserbrunnen. „Statt Eisdielen reihte sich Restaurant an Restaurant am Platz. Am unteren Ende befand sich das Kaisercafé, ein Ort des Sehens und Gesehen-Werdens. Die Terrassen waren so voll, dass sich die Leute beinahe übereinander stapelten", erinnert sich Touhami. „Auch die Kaiserpassage war nicht so verwaist wie heute. Restaurants und Discos belegten jede heute leerstehende Ladenfläche in der Passage", erzählt er.

Die Kaiserpassage, deren Eingang inmitten der Geschäftszeilen liegt, ist heute lediglich ein Durchgangsort zum Münsterplatz. Kaum ein Geschäft belebt die als Vorzeige-Meile 1978 gebaute Passage. Sie konnte der Kaiserhalle nicht nachfolgen. Dort, wo Eisdielen-Besucher heute den Busbahnhof sehen, stand einst die Kaiserhalle. Sie war ein Treffpunkt für singende und saufende Bonner Studenten und Schüler, für Burschenschaften oder Offiziere. 1970 wurde sie zugunsten des Baus der Bonner U-Bahn abgerissen. Errichtet worden war die Kaiserhalle 1870, ihr Ursprung liegt aber weiter zurück. 1844 wurde die Bonn-Cölner-Eisenbahnlinie eröffnet, deren Züge auf dem heutigen Busbahnhof auf einer Drehscheibe wieder Richtung Köln gedreht wurden. Als zehn Jahre später die Linie bis nach Rolandseck erweitert wurde, brauchte man keine Drehscheibe mehr und an ihrem Platz wurde die Veranstaltungshalle mit Terrasse gebaut.

Nachdem die Kaiserhalle im Krieg zerstört worden war, wurde sie 1955 im Stil der 50er-Jahre neu eingeweiht. Ab den 60er-Jahren blickten die Terrassengäste auf seltsam anmutendes Treiben am Kaiserbrunnen, der der

Der Brunnen am oberen Kaiserplatz, der gerne von Skateboardern oder für eine Abkühlung genutzt wird.

Halle gegenüberlag. Er war ein beliebter Treffpunkt für Bonns Jugend geworden, die sich über die anstehenden Konzerte der Beat-Szene unterhielt. Da sich, der damaligen Haarmode entsprechend, zumeist langhaarige Jugendliche dort aufhielten, wurde der Kaiserbrunnen von den Erwachsenen gerne als Gammler-Treffpunkt bezeichnet. Dieses Image befeuerte die Jugend allzu gerne mit ihren Aktionen. Waschpulverpackungen wurden regelmäßig in den Brunnen geschüttet und Nacktbaden im Kaiserbrunnen war durchaus üblich.

Heute wird der Brunnen am oberen Ende des Kaiserplatzes neben Hegners Bücherkarren allgemein als Kaiserbrunnen bezeichnet und dient Skateboardern als Übungsplatz für ihre akrobatischen Einlagen. Wäre er nicht umgezogen, so hätte neben Hegner auch Kaiser Wilhelm I. den Skateboardern zugesehen: 1906 wurde eine Statue eingeweiht, die ihn darstellt. Allerdings hatte sie es an ihrem Standort nie leicht. 1945 fiel sie amerikanischen Soldaten zum Opfer. Sie absolvierten an Kaiser Wilhelm Schießübungen, wodurch sein Kopf zerstört wurde. Heute steht die Statue versteckt beim ehemaligen Residenz-Hotel am Beginn der Kaiserstraße und sieht – im Gegensatz zu Marion Hegner – nur noch relativ wenig vom heutigen Treiben auf dem Platz, den stöbernden Bücherwürmern, den Kaffeetrinkern, Eisliebhabern oder An- und Abfahrenden am Busbahnhof.

Gangolfstraße/In der Sürst

Runde um Runde sauste eine Modelleisenbahn zur Weihnachtszeit im Schaufenster des „Puppenkönigs“ an den platt gedrückten Nasen der Kinder vorbei. Kaum ein Bonner hat sich ihrer Anziehungskraft entziehen können und wollen. Doch auch außerhalb der Weihnachtszeit gab es genügend Gründe, sich die Kindernase platt zu drücken. Das Traditions-Spielzeugwarengeschäft war Pilgerort für kleine und große Bonner. Die Ausstattung der Puppenstube, Starwars-Figuren, Teddys, Feuerwehrautos, Lego oder Gesellschaftsspiele – alles, was Spielkinder froh macht, gab es in der Gangolfstraße in dem imposanten steinernen, sechsstöckigen Haus, das zum Markenzeichen des Spielzeuggeschäfts wurde.

2013 feierte es sein 100-jähriges Bestehen, 2019 schloss es, was viele Bonner sehr bedauerten. Ein Traditionsgeschäft mehr, das die Bonner Innenstadt verlassen hat. Der Puppenkönig wurde 1873 in Köln gegründet. Das Gebäude in der Bonner Gangolfstraße, in das der Puppenkönig 1947 zog, war 1910 errichtet worden. 1913 ließ sich das Spielwarengeschäft in Bonn mit einer Filiale nieder. Kultstatus erhielt es aber erst mit dem Gebäude und der vergehenden Zeit. Das Steinhaus steht an einem geschichtsträchtigen Ort, an dem Spielkinder zu Detektiven der Vergangenheit werden können: Schauen sie genau hin, so sehen sie von der Gerhard-von-Are-Straße aus eine Pflastermarkierung quer zur Gangolfstraße laufen, die die Bonner Stadtmauer von 1244 nachzeichnet. Das Ende der Markierung führt wieder vor das Spieleparadies und weist die Detektive mit einer weiteren Markierung auf den Grundriss eines mittelalterlichen Wehrturms hin, der einst hier stand.

Der Puppenkönig in Bonn, 2016.

Der Geist der Vergangenheit, den die Detektive jagen, geht noch weiter. Die Hinweise darauf sind im Namen der Straße zu suchen. So ist der Weg, der heute Bahnhof und Busbahnhof mit dem Münsterplatz verbindet, nach dem heiligen Gangolf benannt, der bis zum Beginn des 19. Jahrhunderts Patron einer Bonner Pfarrkirche war: Sankt Gangolf, vom Erzbischof Philipp von Heinsberg gestiftet, wurde 1170 erbaut. Sie war eine von vier Pfarrkirchen im Stift. Die Pfarrei wurde aber im Zuge der Säkularisierung 1804 aufgehoben, die Kirche wurde drei Jahre später niedergelegt. Ihre alten Fundamente wurden beim Bau des Martinbrunnens, auch bekannt als Gänsebrunnen, in der Straße „In der Sürst“, die kurz vor dem Münsterplatz quer von der Gangolfstraße abgeht, aufgedeckt.

Der Gänsebrunnen selbst zeugt von Kindheit, Ausgelassenheit und Spiel. Auf dem runden Becken fangen Kinder Gänse ein. Sie zeigen uns, stillstehend und doch ausgelassen, ihr Treiben am Sankt Martinstag. Während ein kleiner Junge eine Gans erwischt hat, bückt sich ein Mädchen vorsichtig nach dem fliehenden Tier.

Blick in die Gangolfstraße im Jahr 1965.

Über der Kinderschar thront ein junger Gänsehirt. Der Brunnen stammt aus der Hand des Bildhauers Heinrich Goetschmann und wurde 1902 vor der Westfassade des Bonner Münsters aufgestellt. 40 Jahre später beendete der Krieg jegliche Ausgelassenheit, denn der Brunnen wurde für Deutschlands Rüstungsindustrie eingeschmolzen. Glücklicherweise blieben die Gipsformen erhalten, sodass 1950 ein neuer Brunnen nach ursprünglichem Vorbild aufgestellt werden konnte.

Dieser ist an seinem Standort, am Foyer des Bonner Münsters und am Kreuzungspunkt Gangolfstraße/In der Sürst täglich Zeuge des gastronomischen Treibens. In der kleinen Seitenstraße, die zur Poststraße führt, reiht sich Restaurant an Restaurant. Bereits der alte Gänsebrunnen war umgeben von Gastronomie. In der Straße „In der Sürst" gab es in den 1930er-Jahren gleich fünf Cafés! Unter ihnen war etwa das Café Hufschlag oder das Café Falckenberg. Letzteres hatte sich auf Marzipannachbildungen spezialisiert, sogar eine Totenmaske Beethovens fertigte das Café aus der süßen Masse an. In und vor den Cafés zelebrierten die Gäste den Kaffeegenuss, die Männer oft mit Zigarre. Stammgäste erhielten ihre Bestellung, ohne ein Wort an den Kellner richten zu müssen. Die einfache Bevölkerung kam ebenso auf ihre Kosten wie der Kaufmann. Sie trank dann und wann nur ein Glas Wasser und begnügte sich mit den ausliegenden Heften des Lesezirkels.

Im heutigen Volksbankbau am Bahnhofsende der Gangolfstraße eröffnete 1954 das Woki. Das Wochenschau-Kino behauptete sich mit anspruchsvollem Programm. Von 9 bis 19 Uhr liefen die jeweiligen Programmfilme in Endlosschleife. Neben der Leinwand lief wiederum eine große Uhr ihre Zeit-Runden, um die abgelenkten Zuschauer an die Abfahrt ihrer Züge zu erinnern. Nach Ablauf der 30 Jahre Mietvertrag verschwand das Kino, das einst zu den drei umsatzstärksten Deutschlands gehörte. Aber der Name des Kinos ist in Bonn erhalten geblieben. Heute findet man das Woki am Bertha-von-Suttner-Platz, dessen Gründer den Namen des Gangolfstraßen-Kinos kaufte, um das Image für sich zu nutzen. Und so führt der Weg der Abenteuer- und Spiellustigen, der Genießer und Fantasierer, der Detektive und Entspannenden in Bonn vom Puppenkönig über die Restaurantmeile der Straße „In der Sürst" durch das Bonner Zentrum in Richtung Woki am Bertha-von-Suttner-Platz.

Die Skulptur „Junge Frau mit Schale". Es handelt sich um eine Kopie von 1976.

Poststraße/Hauptbahnhof

Den Beginn der Poststraße, dort wo sie die Maximilianstraße und Cassiusstraße kreuzt, kannten die Bonner früher unter den Namen „Das süße Eck“, denn an den Eckhäusern lagen sich vier Cafés gegenüber. Die Kellnerinnen trugen Schürzchen und hatten einen inoffiziellen Wettbewerb, wer die schönste Schleife gebunden hatte. Heute bieten die Imbisse rund um Bahnhof und Poststraße zwar allerlei Süßes, aber die Produkte werden nicht in hauseigenen Konditoreien gebacken und in vornehmen Kaffeehäusern von adretten Bedienungen serviert, sondern stammen aus Bäckerei-Ketten oder internationalen Fast-Food-Restaurants und werden per Selbstbedienung mit an den Platz genommen. Das Bonner Bahnhofsareal hat erst kürzlich sein Gesicht verändert, über die Jahre hat es das häufig getan, was sich auch auf die anschließende Poststraße auswirkt.

Verschwunden ist das „Bonner Loch“, das Hotel Continental, verschwunden eine große Freifläche vor dem Bahnhofsgebäude, gekommen sind mehrere gradlinige, schnörkellose, eckige Gebäude, ein Motel, internationale Verkaufsketten und eine neue kleine unterirdische Einkaufspassage. Aber fangen wir ganz von vorne an: Als die Bonn-Kölner Eisenbahngesellschaft 1840 die Konzession für eine Eisenbahnlinie zwischen Bonn und Köln bekam, begannen die ersten Diskussionen rund um einen Bahnhof in Bonn. Die Bonner waren sich uneinig, wo der Endbahnhof in ihrer Stadt stehen sollte. Einige sprachen sich für den städtischen Norden aus, andere waren für das Mühlheimer Feld, das dicht an den Stadtmauern nahe der Poppelsdorfer Allee zu finden war. Der preußische Staat beendete schließlich die Diskussion und bestimmte das Mühlheimer Feld. 1844 wurde das neue Bahnhofsgebäude gemeinsam mit der neuen Strecke eingeweiht.

Die Bahnhofsstraße (heute Am Hauptbahnhof) zwischen 1890 und 1894.

Elf Jahre später wurde die Bahnstrecke bis Bad Godesberg, Mehlem und schließlich Rolandseck verlängert. Unter heftigem Widerstand der Bevölkerung trennte die neue Bahnstrecke die Poppelsdorfer Allee von dem Universitätsschloss und damit auch die Sichtachse. Als die Strecke schließlich 1858 nach Koblenz erweitert wurde, brachte sie Bonn sowohl wirtschaftliche Vorteile als auch Touristen, die das „romantische Rheintal“ bereisten. Der lokale Verkehr hatte mit weiteren Bahnlinien anderer Verkehrsbetriebe erheblich zugenommen. All die An- und Abfahrenden, die Wartenden und Arbeitenden drängten sich in ein Bahnhofsgebäude, das mit der wachsenden Zahl an Nutzern viel zu klein geworden war. Ein neues Gebäude sollte gebaut werden. Das entstand allerdings nicht auf dem Platz des alten Gebäudes, um den Bahnbetrieb nicht zu stören, sondern wenige Meter nördlich davon. Der Repräsentationsbau wurde 1885 eröffnet und diente in seiner Pracht als eine Art Stadttor für die Eisenbahnkunden.

Zekai Savas bringt Ordnung in das Blumenmeer beim Blumen-Holländer in der Poststraße.

Als Bonn zur Bundeshauptstadt wurde, wuchs der Bahnverkehr weiter an. In den 80er-Jahren gehörte der Bahnhof zu den meist frequentierten in ganz Europa. Einen Bahnhofsvorplatz gab es aber zunächst nicht. Rund herum standen Wohnhäuser und inhabergeführte Geschäfte, die den Krieg gut überstanden hatten. Die Stadt beschloss 1973 die Südüberbauung, also einen neuen Eingangsbereich vor dem Bahnhofsentree. In den folgenden Jahren wurden die Gründerzeithäuser rundherum abgerissen. Ein Platz entstand vor dem Bahnhof, der im Stile eines Amphitheaters abgesenkt wurde und einen Brunnen bekam. Die Bonner nannten das Amphitheater spöttisch „Bonner Loch“, nicht zuletzt, weil sich dort die Trinker- und Drogenszene niederließ. Der Unmut der Bürger über den Abriss der historischen Bebauung war groß. Das Areal mit wuchtigen Betonbauten stand ständig in Diskussion, die Politik schmiedete allerlei Pläne, es zu verändern, aber es blieb bei Ideen. Bis 2017 dauerte das Hin und Her um den Bahnhofsvorplatz, dann endlich wurde die Südüberbauung abgerissen. 2019 entstand das Maximiliancenter, das neue Gesicht des Platzes. Insgesamt drei Gebäude stehen rundherum. Statt eines großen freien Eingangsbereichs, gibt es einen großen Korridor, der vom Haupteingang des Bahnhofs in die Poststraße führt.

In der Poststraße beobachten die Mitarbeiter des „Blumen-Holländers“ seit über 50 Jahren, wie sich die Straße mit dem Bahnhof wandelt. Sonnenblumen, Rosen, Lilien und Chrysanthemen betören mit ihrem Duft die Vorbeiziehenden und machen die Stadt ein wenig bunter. Mitarbeiter Zekai Savas arbeitet seit rund 20 Jahren für den Blumenhändler Tim Iking, dessen Vater vor mehr als 50 Jahren den Blumenhandel in der Bonner Poststraße begründet hat. Damals fuhr dieser mit dem Auto aus den Niederlanden bis in die innerstädtische Einkaufsstraße und verkaufte aus dem Wagen heraus seine Blumen. Später bekam er einen kleinen Stand mit zwei Tischen unter den Arkaden des damaligen Karstadt-Gebäudes und zog schließlich an seinen heutigen Standort, die offene Ladenzeile am linken Ende des Gebäudes, wo er immer mehr Asphaltfläche für seine Blumen eroberte.

„Die Poststraße kommt einfach nicht zur Ruhe“, beobachtete Zekai Savas in den vergangenen Jahren. „Der Bahnhof wurde lange umgebaut, dann wurde immer wieder in der Poststraße Asphaltstücke aufgerissen, Karstadt zog aus seinem Gebäude, das lange geschlossen und unbelebt blieb, viele Läden sind aus ihren Lokalen gezogen. Die Lärmbelästigung, die Baustellen und der Leerstand machen die Poststraße für die Kunden ungemütlich.“ Die Zeiten des gemütlichen Kaffeetrinkens rund um den Bahnhof sind vergangen, das Leben ist wie in vielen Innenstädten schnelllebiger, hektischer und weniger persönlich geworden. Was diese Entwicklung bringt und ob sich das Gesicht des Bahnhofs dadurch erneut verändert, bleibt abzuwarten.

Bertha-von-Suttner-Platz

Im Trubel des großen Bertha-von-Suttner-Platzes, zwischen dem Verkehr der Autos, Busse und Bahnen, zwischen den ausschwärmenden Fußgängern und den Lieferfahrzeugen, dem Brutzeln der Grills in den Imbissen und dem klappernden Besteck auf den Außenterrassen, geht das Denkmal der Namensgeberin des zentralen Verkehrsknotenpunktes mitten in der Stadt beinahe unter. Schmal und unscheinbar steht an der Ecke Bertha-von-Suttner-Platz/ Römerstraße eine Frauensilhouette aus Metall, die an die Friedensnobelpreisträgerin Bertha von Suttner erinnert. Dass ihr in Form eines kleinen Denkmals gedacht und ihr Name für die Bezeichnung eines Ziels, Treffpunktes oder Durchfahrortes von Tausenden Bonnern genannt wird, stand einst zur Debatte.

Bertha von Suttner (1843 bis 1914) war eine österreichische Schriftstellerin und Pazifistin. Sie war die erste Frau, die den Friedensnobelpreis erhielt und zwar für ihren Antikriegsroman „Die Waffen nieder!". Eine Verbindung zu Bonn hatte sie nicht und genau dieser Umstand eröffnete nach dem Zweiten Weltkrieg die Diskussion, warum man einen zentralen Bonner Platz nach ihr benennen sollte. Die Stadtväter legten sich 1949 mit einem Beschluss auf den Namen fest, woraufhin die Bürger ihre Stimmen erhoben. Sie fragten sich, ob man einen so lauten, verkehrsreichen Platz nach einer Frau benennen solle, die zu Frieden und Ruhe aufgerufen hatte. Ein ruhigerer Platz wäre dafür, so die Gegner der Benennung, wesentlich angebrachter. Aber jegliche Alternativpläne wurden von der Stadt abgelehnt. Heute ist es selbstverständlich, den Platz zwischen Innenstadt und Nordstadt als „Bertha" zu bezeichnen, wobei das Erscheinungsbild des Platzes von den Bonnern regelmäßig infrage gestellt worden ist. Es wurde lange geplant und diskutiert, bevor sich der Platz so präsentierte wie heute.

Der Bertha-von-Suttner-Platz ist ein Verkehrsknotenpunkt.

Bereits Kurfürst Joseph Clemens von Bayern überlegte sich um 1710, den Verkehr in Ost-West-Richtung von Bonn über den Rhein nach Beuel mit einer Verbindungsstraße zu entlasten. In der Nähe des Rheinufers entstand die Risselstraße, die 1773 in Vierecksplatz umbenannt worden ist. Als 1898 die Rheinbrücke erbaut wurde, nannte man das Areal Brückenstraße. Es lag nicht am heutigen Bertha-von-Suttner-Platz, sondern zwischen der Wenzelgasse und dem Platz Berliner Freiheit und entsprach dem Verlauf der Friedrichstraße. Allerdings erfüllte die Brückenstraße die gleiche Funktion wie der Bertha-von-Suttner-Platz als Verbindungsstraße zwischen Bonn, Beuel und Siegburg. Auf dem Bertha-von-Suttner-Platz wurde vor dem Zweiten Weltkrieg lediglich gewohnt, auf ihm standen Häuser in einem engen, verwinkelten Straßennetz, das die gesamte Nordstadt durchzog. Das Bombardement des Zweiten Weltkriegs zerstörte weite Teile der Altstadt sowie das Areal rund um die Rheinbrücke, die ebenfalls zerstört wurde. Die entstandene Fläche bot in der

Mit der Stele am Bertha-von-Suttner-Platz wird der ersten weiblichen Friedensnobelpreisträgerin gedacht.

Nachkriegszeit die Grundlage für die Planung des Bertha-von-Suttner-Platzes, einem Kreuzungspunkt der Nord-Süd-Achse der Stadt, also der heutigen B9, und der Ost-West-Achse, der B56. Von 1946 bis 1950 entstand der neue Verkehrsknotenpunkt, der verbindende Platz der Stadtachsen für den Verkehr.

Freie Fahrt durch Bonn für Autos, Busse und Bahnen versprach der neue Bertha-von-Suttner-Platz, konnte dieses Versprechen aber nicht unbedingt halten. Als in den 1980er-Jahren der Asphalt des Platzes erneuert werden musste, brach in der ganzen Stadt ein Verkehrschaos aus. Die Bauarbeiten sollten nur vier Wochen andauern, zogen sich aber weit länger hin. Wochenlang staute sich der Verkehr in Bonn bis zum Hauptbahnhof, zur Viktoriabrücke und zur Bornheimer Straße. Für ein viel größeres Chaos hätte wohl der Traum der Stadtverwaltung um 1998 gesorgt, den Platz komplett umzukrempeln und in ein New York in der Provinzstadt zu verwandeln.

Der Bertha-von-Suttner-Platz als Eingangstor, Foyer für die ganze Stadt und als grüne Oase, nicht mehr als Trennlinie zwischen Zentrum und Altstadt, sondern verbindend – so waren die Vorstellungen der Politik. Sogar ein Verkehrstunnel schwebte den Planern vor, sodass der Platz eine Fahrradzone mit Cafés und Geschäften hätte werden können. Oder aber von einem Nahverkehrsbahnhof in der Mitte des Platzes war die Rede. Aber von der Umsetzung dieser Ideen ist auf dem heutigen Platz nichts zu sehen.

Weiterhin spielt sich der Verkehr auf dem Asphalt ab, Fußgängerampeln sind wohl die einzige Verbindung zwischen den Stadtteilen, die von den Verkehrsadern zerschnitten werden, von einer Lobby oder einem Eingangstor keine Spur. Und dennoch beleben Restaurants, Imbisse und das Kino „Woki“ den Platz und machen aus ihm mehr als nur einen Verkehrsknotenpunkt.

Der Rhein

An seinen Ufern nehmen die Bonner ihr Sonnenbad, kämpfen gegen Wind und Wetter oder gar Hochwasser an. Der Rhein ist mal idyllisch, mal wild, mal leise, mal laut, mal blau, mal schwarz-grau. Er ist von seiner Quelle in der Schweiz bis zu seiner Mündung in den Niederlanden 1232,7 Kilometer lang. Die Region Bonn/Rhein-Sieg durchfließt er auf rund 20 Kilometern, nimmt man den Ahrkreis dazu, sind es etwa 40 Kilometer. Die beiden Rheinseiten sind auf dieser Strecke durch drei Brücken und sieben Fähren verbunden. Die Wasserstraße Bonns ist die wohl beständigste der Stadt. Während das Wasser schon floss, bevor es die Stadt überhaupt gab, haben sich die Bauwerke um den Rhein herum stetig verändert.

Wir legen in der Innenstadt am Rheinufer an und betrachten die Festung „Alter Zoll", die ein Beispiel für die Veränderung am Ufer ist. Vor der Errichtung der ehemaligen Bastion am Rhein stand hier um 1575 ein Zollhäuschen im Stile der Renaissance. Es stand an der Bonner Stadtmauer, die um 1244 gebaut worden war, und diente der Erhebung des Rheinzolls. Die Stadtmauer am Rhein war an dieser Stelle von Rundbögen unterbrochen, durch die ein Pfad führte, auf dem Treidelpferde die Schiffe stromaufwärts zogen. Während des Dreißigjährigen Krieges musste die Stadtmauer befestigt werden, die Bastion, die wir heute als „Alten Zoll" kennen, entstand.

Die Wehranlage musste sich im Laufe der Geschichte beweisen, wurde in zahlreichen Auseinandersetzungen beschossen, zerstört, wieder aufgebaut und ausgebaut. Um 1717 rückte das Thema Wehrhaftigkeit und Krieg ein wenig in den Hintergrund. Nun ging es darum, die Wohnbebauung der Stadt voranzutreiben. Ein Großteil der Stadtbefestigung wurde geschliffen und in die Bebauung integriert, die Zollbastion aber blieb. Sie diente nun als Aussichtsplattform auf das Siebengebirge, also eher der Freizeit als der Verteidigung. So verhält es sich bis heute.

Der Alte Zoll ist ein beliebter Ausflugsort für Touristen und Einheimische, von dem sie nicht nur auf das Siebengebirge, sondern auch auf das rechtsrheinische Bonn, auf die Flucht des Flusses, auf die Brücken und den Posttower blicken. Etliche Fotos entstehen täglich als Andenken an diese schöne Aussicht auf die Stadt. Häufig sind auf den Fotos Kanonen zu sehen, deren Läufe auf dem Plateau am Rande der Festungsmauer auf den Rhein gerichtet sind. Auch wenn am Alten Zoll früher gekämpft worden ist, so kamen diese Kanonen niemals zum Einsatz. Sie stammen nämlich ursprünglich aus Berlin. 1871 schenkte sie Kaiser Wilhelm der Bonner Universität. Lange Zeit wurden die Kanonen im Innenhof der Universität ledig-

Blick auf den Alten Zoll vom Rhein aus, im Vordergrund eine Büste von Peter Joseph Lenné.

Aussicht vom Alten Zoll auf den Rhein.

lich aufbewahrt, dann kamen sie schließlich zu ihrem heutigen Standort und sind nicht nur Fotomodels, sondern häufig auch Klettergeräte für Kinder.

Am Fuße der Aussichtsplattform des Alten Zolls erinnert ein großer Steinblock an einen ehemaligen Studenten Bonns, der aus der Literaturgeschichte nicht mehr wegzudenken ist: Von 1819 bis 1820 studierte der Dichter Heinrich Heine an der Bonner Universität. Er nutzte seine Zeit in Bonn aber weniger für das Jura-Studium als für seine ersten literarischen Arbeiten und das ausgelassene Studentenleben.

Im Literaturhistoriker und -kritiker Professor August Wilhelm von Schlegel fand Heine in Bonn einen Förderer seiner Kunst. Von Schlegel ermutigte Heine, seine Gedichte zu veröffentlichen. Seine von der französischen Revolution geprägten Gedanken kamen allerdings an der Bonner Uni nicht gut an und seine Geschichte „Deutschland ein Wintermärchen" fiel der preußischen Zensur zum Opfer. Inzwischen zollt ihm die Stadt mit dem Denkmal am Rhein den Respekt, den er verdient hat.

Ebenso wechsellaunig wie die Gesellschaft in Bezug auf ihre Verbote, Anerkennungen und Missachtungen ist der Rhein in seiner Naturgewalt. Nicht immer ist er den Bonnern freundlich gesinnt und regelmäßig plagt er sie mit Hochwasser. Und manchmal zeigte der Rhein sich den Bonnern im Eismantel. Im Jahr 1929 war es so kalt, dass die Menschen auf dem Rhein, der sich in eine dicke Eisschicht gehüllt hatte, spazieren gehen konnten. 1947 glich der zugefrorene Rhein ebenfalls einer Eiswüste. Für die Bonner, die so kurz nach dem Krieg damit ihren Versorgungsweg von Brennmaterial, Rohstoffen und Lebensmittel verloren, war dies eine Katastrophe. 1962/1963 fror der Rhein erneut zu und dieser Winter ging als der kälteste des vergangenen Jahrhunderts in die Geschichte ein.

Neben Katastrophen sorgte der Rhein 1966 auch für eine Sensation: Man entdeckte weitab vom Meer, von Bonner Ufern aus, einen weißen Wal, der den Rhein bis Rolandseck hinaufschwamm. Seine Reise in der Rheinromantik dauerte einen Monat lang, bevor er ins Meer zurückkehrte. Das etwa vier Meter lange Tier hatte sich mehrere Tausend Kilometer von seinem natürlichen Lebensraum, den arktischen Gewässern, entfernt. Der Belugawal war eigentlich für einen englischen Zoo bestimmt und zuvor an Bord eines Frachtschiffes auf Reisen gewesen. Während eines Orkans wurde der Wal jedoch über Bord gespült und konnte so die Reise auf eigene Faust fortsetzen, die ihn bis in Bonner Gewässer hineinführte.

Adenauerallee

Ernst-Moritz-Arndt-Haus, Rheinfront mit rheinseitigem Garten, circa 1886–1909.

Grünland, Felder, Weinstöcke: Vor Beginn des 19. Jahrhunderts war südlich des Koblenzer Tores reinste Natur, dort wo heute die mehrspurige Adenauerallee entlangführt, wo Verkehr sich staut, Motoren dröhnen, Geschäfte, Universitätsinstitute, Bundesämter und Büros Menschen von A nach B treiben. Lediglich zwei Häuser befanden sich in der Naturidylle an der Coblenzer Straße, wie die Adenauerallee damals hieß, und die lagen außerhalb der Stadt.

Eines davon war die Vinia Domini, ein barockes Lustschloss, das sich Kurfürst Joseph Clemens 1722 am Rhein bauen ließ. Das Lustschloss sollte der erste und einleitende Blickpunkt für Reisende auf dem Rhein auf die kurfürstliche Pracht Bonns sein. Drum herum lag eine Rebenlandschaft – ganz wie es der Name des Gebäudes beschreibt, der übersetzt „Weinberg des Herren“ heißt. Dieser Weinberg diente zum Empfang von Gästen und für Gelage mit Adel und Klerus mit Blick auf den Rhein und das Siebengebirge. Für die Feste gab es ein Highlight. In der Mitte des als Polygon gebauten Lustschlosses gab es einen versenkbaren Rundtisch, der reich gedeckt aus dem Boden hervorkam. Das Lustschloss ist nicht erhalten. Ab 1802 wurde es als Weinwirtschaft und Wohnung verwendet, die Preußen wiederum nutzten es ab 1815 als Ausflugslokal und Sehenswürdigkeit. Schließlich verkam das Schlösschen zunehmend, die Bomben des Zweiten Weltkrieges gaben ihm den Rest. Heute steht das Beethovengymnasium an dieser Stelle.

Ab 1819 wohnte Ernst Moritz Arndt in der Landschaftsidylle südlich des Koblenzer Tores allein auf weiter Flur. 42 Jahre seines Lebens verbrachte Arndt in Bonn. Er war nationalistischer und demokratischer Schriftsteller, Historiker und Abgeordneter der Frankfurter Nationalversammlung. Er widmete sich hauptsächlich der Mobilisierung gegen die Herrschaft Napoleons Bonapartes in Deutschland.

Im August 1818 wurde Arndt Professor der Neueren Geschichte an der gerade erst eröffneten Bonner Uni. Ein Jahr später bezog er mit seiner Familie die neu erbaute Villa an der heutigen Adenauerallee. Bereits 1820 wurde er von der Universität suspendiert, da er nachdrücklich die deutsche Einheit und eine Verfassung eingefordert hatte. Erst 20 Jahre später, mit der Thronbesteigung König Friedrich Wilhelms IV., wurde Arndt rehabilitiert und im gleichen Jahr Rektor seiner Universität. Im März 1854 legte er die Professur nieder und starb sechs Jahre später in seinem Haus. 20 Jahre zuvor erlebte die Familie eine Tragödie. Arndt ging mit seinem jüngsten Sohn Willibald im Rhein baden und musste mit ansehen, wie der Neunjährige im Strom ertrank. Sein Leben lang machte sich der Vater Vorwürfe. Der Sohn wurde auf dem Alten Friedhof begraben, wo Arndt eine Eiche pflanzen ließ und selbst nach seinem Tode zur letzten Ruhe gebettet wurde. Die Eiche steht noch und ist unter dem Namen Arndt-Eiche bekannt. Das Wohnhaus des Professors und seiner Familie steht Besuchern im Rahmen von Sonderausstellungen offen.

Kommen wir zurück zur Adenauerallee, auf der Arndt zu Lebzeiten miterlebt hat, dass sich seine grüne Wohngegend rapide veränderte. Die Universitätsgründung 1818 brachte einen enormen Zuzug von Professoren, Angestellten und Studierenden. Bonn wuchs über seine Stadtmauern hinaus. Auf der Adenauerallee entstanden weitere Professorenvillen und Hotels. So wie das Hotel Kley, das etwa dort stand, wo im Winter am Alten Zoll die Eisbahn aufgestellt wird. An der Stelle des heutigen Königshofes befand sich das Grand Hotel Royal sowie eine Professorenvilla, die als eine von wenigen erhalten ist und dem Oxfordclub als Heim dient.

Aber nicht nur Prunk, sondern auch Dunst gab es auf der Adenauerallee. Auf einem alten Stich den Arnulf Marquardt-Kuron, Citymanager der Stadt, Südstadtbewohner und Geograf, vorzeigt, sind unzählige rauchende Schornsteine zu sehen. Prägend für die Industrie auf der Straße war die Steingutfabrik von Franz Anton Mehlem, die an der Ecke Adenauerallee/Zweite Fährgasse lag. Gegründet wurde die Fabrik in Poppelsdorf, sie zog aber 1838 an den Rhein um – direkt gegenüber das Arndthaus, dem damit der idyllische Blick auf das Siebengebirge verbaut wurde.

Die Steingutfabrik wurde zu einem der bedeutendsten Industriebetriebe der Stadt. In die ganze Welt wurden die Mehlemschen Steingut-erzeugnisse verschifft. Die Produktionsfläche wuchs und wuchs, ebenso wie die Zahl der Brennöfen und Angestellten. An der der Straßenfront der Allee zog sich eine 19 Meter lange Fassade mit drei Geschossen entlang, die sich in die heutige zweite Fährgasse weitere 43,5 Meter hineinerstreckte. Die Außenfronten waren nahezu komplett verglast, zur Rheinuferseite war die Fassade im Stile der Neugotik gestaltet. Heute ist davon nichts mehr zu sehen. Lediglich die Rampe, über die die Steinware zum Rhein gelangte, ist erhalten.

1931 wurden die Werke aufgeben, zwei Jahre später begann der Abriss. Ab 1936 nutzte die Wehrmacht die Freifläche als Parkplatz für ihre Fahrzeuge. Fünf Jahre später wurde ein öffentlicher Luftschutz- und Deckungsgraben eingerichtet. Als Bonn nach dem Zweiten Weltkrieg zur Bundeshauptstadt erkoren wurde, war das Areal eine willkommen große, unbebaute Fläche, auf der bald das Postministerium entstand. Heute ist dort der Bundesrechnungshof zu finden. Das Verschwinden der Industrie war schon 30 Jahre nach der Eröffnung der Steingutfabrik Mehlem zu erahnen. Die Südstadt entwickelte sich mehr und mehr zum Villen- und Wohnviertel, in dem rauchende Schornsteine und Industrielärm nicht gerne gesehen und gehört wurden. Die Industrie ist die Südstadt gänzlich losgeworden. In und um die ehemaligen Villen wird fortan nur noch still gewohnt und gearbeitet.

Hotel Kley (erbaut 1830, 1906 abgebrochen), Coblenzerstraße 1 (heute Adenauerallee).

Platz der Vereinten Nationen

Ein winziger Kiosk mitten in der großen Bundespolitik! Ab 1957 stand zwischen dem Kanzleramt und dem Bundestag eine Verkaufsbude, in der es Alltägliches für diejenigen gab, die die Regeln des Alltags für die ganze Bundesrepublik austüftelten. Familie Rausch bewirtete in dem Bundesbüdchen Spitzenpolitiker und Journalisten, die mit ihren Wünschen auch nur Menschen waren: Herbert Wehner und Franz-Josef Strauß aßen Würstchen, Helmut Kohl holte Brötchen am Büdchen, Joschka Fischer kaufte Asterix-Hefte.

Aber wie kam es zum bundespolitischen Treiben am heutigen Platz der Vereinten Nationen am Ende der Adenauerallee? Nach Nationalsozialismus und Krieg brauchte Deutschland einen wirtschaftlichen wie sozialen Wiederaufbau. Bonn wurde der Schauplatz dafür. 1949 wurde die BRD gegründet und Bonn zur provisorischen Hauptstadt gewählt. Jedoch gab es für die großen politischen Entscheidungen, die fortan getroffen werden mussten, nur wenig Platz. Da man sich darin einig war, dass im Fall einer Wiedervereinigung neu über die Hauptstadt Deutschlands verhandelt werden sollte, trat der Parlamentarische Rat ebenso provisorisch in der Aula der Pädagogischen Akademie am Rhein zusammen – einem Gebäude, das schon vor Hitlers Machtergreifung in Bonn gebaut worden war. Von September 1948 bis Mai 1949 wurde das Grundgesetz der jungen BRD erarbeitet, das am 8. Mai 1949 kurz vor Mitternacht beschlossen wurde. Damit fiel die Entscheidung für das Grundgesetz eines demokratischen und föderalistischen Rechts- und Sozialstaates am vierten Jahrestag des Kriegsendes in Europa.

Ansicht vom Bundeshaus, 1966.

Die Pädagogische Akademie wurde ab 1949 zum Bundeshaus mit Plenarsaal und Bürotrakten ausgebaut. Bei der Umgestaltung sollte auf jeglichen Schnickschnack verzichten werden, um dem Pomp des Naziregimes den Rücken zu kehren und den Vorstellungen von einem „Provisorium" gerecht zu werden. Der Plenarsaal war zwar schlicht dekoriert, dafür aber modern ausgestattet. Er erhielt Reporterzellen, eine Tonfilm- und Diaprojektionseinrichtung sowie ein Restaurant und eine Milchbar. Im Foyer befand sich eine Buchhandlung. Vor dieser Kulisse wurde etwa die Abstimmung für die Notstandsgesetze 1968 durchgeführt oder aber über den NATO-Doppelbeschluss 1982 debattiert, gegen den sich 500.000 Menschen in einer Friedensdemonstration auf dem Bonner Hofgarten aussprachen beziehungsweise ausschimpften. Im Bundeshaus und Plenarsaal pulsierte das Herz des parlamentarischen Deutschlands.

Bald wurde das Provisorium etwas eng und so verabschiedete man sich von dem Willen zur Bescheidenheit und stieß Ende 1969 zunächst den Bau eines Kanzleramtes an, das die ganze Zeit über im Museum Koenig und dem Palais Schaumburg untergebracht gewesen war. Fünf Jahre später zog das Kanzleramt in sein neues Gebäude in nächster Nähe zum Bundeshaus an der Adenauerallee 139. Auch ein neuer Plenarsaal sollte her. Die Entscheidung für einen Neu-

Das wiederaufgebaute Bundesbüdchen im ehemaligen Bonner Regierungsviertel.

bau zog sich über fast eineinhalb Jahrzehnte hin. Endlich rückten die Bagger 1987 an und rissen das etablierte Provisorium zugunsten eines Neubaus ab. Dieser ließ aber weitere fünf Jahre auf sich warten. Als der neue Plenarsaal 1992 endlich fertiggestellt war – die Politik hatte während der Bauzeit in einem benachbarten Wasserwerk getagt – hatte sich die bundespolitische Situation bekanntermaßen grundlegend verändert. Im Oktober 1990 feierte Deutschland seine Wiedervereinigung. Der neue Plenarsaal war zwar noch Schauplatz für die erste gesamtdeutsche Parlamentstagung, wurde aber sehr bald zum Plenarsaal auf Abruf degradiert. 1999 tagte der Bundestag zum letzten Mal in dem Neubau und in Bonn. Die Bundespolitik zog nach Berlin.

Das Abgeordnetenhaus entstand dagegen sehr viel früher, es wurde 1966 bis 1969 errichtet. Seinen Namen „Langer Eugen" erhielt das Gebäude in Anlehnung an Bundestagspräsident Eugen Gerstenmaier, der das Bauprojekt initiiert hatte und von Statur her eher kurz geraten war. Das „Lang" im Namen des Abgeordnetenhauses kommt nicht von ungefähr. Das Hochhaus sollte mit 31 Etagen das Höchste Bonns werden und den bis zu 220 Abgeordneten einen angemessenen Arbeitsort bieten. Dieses Ziel wurde nicht erreicht. Als das Gebäude 1969 bezogen wurde, erwies es sich als unangemessen. So waren etwa Sitzungssäle, Büro- und Konferenzräume sowie das Restaurant in den oberen Etagen untergebracht, was zu langen Warteschlangen vor den Aufzügen führte. Zudem brachte der Beschluss des Bundestages von 1969, jedem Abgeordneten einen Mitarbeiter und einen Sekretär zu finanzieren, die Raumnot in das gerade erst bezogene Hochhaus. Die neuen Mitarbeiter drängten sich nun mit den Abgeordneten in 17 Quadratmeter großen Büros und einem Großraumbüro für die Schreibkräfte.

Heute ist der Lange Eugen Dienstsitz der Vereinten Nationen, was wiederum den Namen des Platzes erklärt, über den dieses Kapitel handelt. Der Plenarsaal und das alte Wasserwerk sowie Teile des Bundeshauses gehören inzwischen zum World Conference Center Bonn (WCCB) – einem Internationalen Kongresszentrum, das 1999 gegründet wurde. 2007 erhielt es seinen heutigen Namen. Das WCCB war seither etwa Schauplatz für den Zweiten Weltklimagipfel, der G20-Außenministerkonferenz oder der Weltklimakonferenz 2017.

Und was ist aus dem Kiosk geworden? Der musste 2006 dem Aufbau des WCCB Platz weichen. Doch er verschwand nicht endgültig. Das Bundesbüdchen wurde nicht einfach zum Einsturz gebracht, sondern komplett auf einen Tieflader gehoben und in Hersel eingelagert. Seit 2020 steht das Büdchen wieder im ehemaligen Regierungsviertel und bietet Alltägliches für all diejenigen, die auf dem Platz der Vereinten Nationen das geschäftige Treiben in Bonn am Laufen halten.

Kurt-Schumacher-Straße

Jeden Werktag verkauft die Black Coffee Pharmacy in der Heussallee zwischen den Bürokomplexen des WCCB, des UN-Campus, der Deutschen Welle oder des Posttowers Kaffee an einer mobilen Café-Station. Barista Ty Hennessey kennt die Mitarbeiter dieses Bonner Mikrokosmos wie kein Zweiter und zieht aufgrund seiner locker-lustigen britischen Art die Menschen aus ihren Büros an seine kleine Kaffeemaschine im Freien, die Inhaberin Silke Thun vor rund zwölf Jahren etabliert hat. Zu 90 Prozent seien es Stammkunden, so der Barista, die täglich an die Ape kommen – einem italienischen Kleintransporter auf drei Rädern, auf dem eine Kaffeemaschine, ein winziger Kühlschrank sowie ein Tisch mit Kuchenauslage aufgebaut ist.

Viele der Stammkunden kommen aus einem Gebäude in der Kurt-Schumacher-Straße geströmt, das als Wahrzeichen der Stadt gilt: dem Posttower, in dem sie arbeiten. Er ist mit 162,5 Metern Größe das höchste Gebäude der Stadt und im deutschlandweiten Ranking auf dem 14. Platz. Es zählt 41 Obergeschosse, fünf Untergeschosse, und circa 2000 Beschäftigte arbeiten in dem Hochhaus. Der Posttower ist die Zentrale der Deutschen Post und entstand zwischen 2000 und 2002. Rund 78 Millionen Euro hat das gekostet.

Der Schürmann-Bau, Sitz der Deutschen Welle.

Bevor der Tower jedoch am Rheinufer wuchs, gab es – wie so häufig in der Stadt – heftige politische Debatten um das Projekt. Einige Stimmen fragten, ob ein solches Hochhaus zur Stadt passe, ob es ein Hochhaus geben solle, das den Langen Eugen überragt, ob die Silhouette der Stadt den Tower verträgt und er nicht den Panoramablick auf das Siebengebirge stören könnte. Diese Fragen stellt sich heute keiner mehr. Fotografieren sich Touristen an Bonns Rheinufer, so positionieren sie sich so, dass der Posttower zu sehen ist. Er ist als eine Attraktion und Besonderheit der Stadt nicht mehr wegzudenken, genauso wenig wie dessen Mitarbeiter aus dem ehemaligen Regierungsviertel. Sie ziehen den Kaffee aus dem kleinen Wägelchen meist dem aus dem großen Turm vor.

Während der Milchschäumer zischt und Dampf spuckt, die Kaffeebohnen ratternd zu Pulver gemahlen werden und die Kaffeemaschine dröhnt, weil sie den dunklen Saft ins Glas presst, während Ty Hennessey zehn verschiedene Handgriffe gleichzeitig vollführt und einen Kaffee nach dem anderen mit obligatorischem Schnörkelmuster auf dem Milchschaum den Kunden in die Hände reicht, serviert er lockere Sprüche gleich dazu. „Ich habe das Talent, mir die Standardgetränke der Kunden schnell zu merken. Das ist sehr praktisch, gerade wenn viel los ist. Dann bereite ich den jeweiligen Kaffee schon vor, wenn ich den Kunden von Weitem kommen sehe", sagt Ty, den jeder nur mit seinem Vornamen kennt und nennt. Kaffee ist bei ihm mehr als nur das Getränk. Er ist Berufung, Liebe, Humor, Show und sozialer Klebstoff. Und mit dem Kaffee kommt auch

Der Post-Tower, Sitz der Hauptverwaltung der Deutschen Post AG, entworfen von Helmut Jahn.

„Banter", das englische Wort für Geplänkel, was so viel meint wie amüsierter, humorvoller Umgang.

An einem normalen Arbeitstag in der Heussallee spricht er die Hälfte der Zeit in seiner Muttersprache Englisch, erzählt er. Das Publikum sei international, Menschen aus mehr als 20 verschiedenen Nationen kommen täglich bei ihm vorbei, schätzt er. Genau das mache diesen Standort so besonders. „Kaffee ist eine internationale Sprache", weiß der Barista. Menschen aus allen Herrenländern arbeiten nicht nur auf dem UN-Campus, sondern auch in der Deutschen Welle miteinander. Der Auslandsrundfunk der Bundesrepublik Deutschland hat seit 2003 seine Büros an der Kurt-Schumacher-Straße.

Dass der Rundfunksender in das damals als „Schürmann-Bau" bekannte Gebäude zog, kann beinahe als ironisch aufgefasst werden. Bevor die Deutsche Welle das Haus belebte, gab es nämlich eine Hochwasserwelle, die es beinahe vollständig zerstört hätte. Von vorne: Der Schürmann-Bau war als Bürohaus der Bundesregierung geplant.1989 begann man mit dem Bau. Selbst als drei Jahre später der Umzug der Bundesregierung nach Berlin beschlossen wurde, wollte man das Bürohaus fertigstellen. An einem Abend wurde das unfertige Gebäude beinahe vollständig zunichte gemacht. Vom 21. auf den 22. Dezember 1993 überraschte das Weihnachtshochwasser die Stadt. Es überschwemmte den Rohbau des heutigen Sitzes der Deutschen Welle und richtete Schäden in Millionenhöhe an. Danach diskutierte man lange darüber, ob man weiterbauen oder abreißen sollte. Schließlich entschloss sich die Bundesregierung für die Fortführung des Projekts, allerdings in veränderter Form und mit der Absicht, dass der Auslandsrundfunksender in ihm unterkommen sollte. Dieser zog tatsächlich 2003 ein und gab dem Gebäude, das so viele Startschwierigkeiten gehabt hatte, die wohlverdiente Beständigkeit.

Inzwischen ist es kurz vor elf. In dieser Zeit sieht man besonders viele Menschen aus dem Funkhaus der Deutschen Welle und dem Posttower zur Kaffee-Ape strömen. Mittagspause für die Büroangestellten bedeutet für den Barista wiederum, dass die heiße Phase beginnt. Auf dem Tresen des Kaffee-Rollers stehen fünf verschiedene mitgebrachte Tassen, in die fünf verschiedene Getränke rein sollen. Ty weiß mal wieder genau, welche Kaffeespezialität in welche Tasse gehört und in welche Hände der fünf wartenden Menschen er die jeweilige Tasse reichen muss. Gleichzeitig ruft er die Vornamen der Kunden, die er kommen sieht, während seine Augen eigentlich auf die Kaffeemaschine gerichtet zu sein scheinen. Von 8 bis 11.30 Uhr serviert die Black Coffee Pharmacy Kaffee in der Heussallee. Dann klappt Ty die Ladefläche der Ape zu und kommt am nächsten Tag wieder, um den Büromitarbeitern mit Heißgetränken und seinen Scherzen eine kleine, warme und soziale Pause vom Büroalltag zu schenken.

Museumsmeile

Wo sollte die Reise durch die Geschichte von Bonns Museumsmeile anders beginnen als im Haus der Geschichte? Allein der Bau des Museums an der Adenauerallee brachte ungeahnte Schätze zutage, die in Bonn unter der Erde versteckt waren. Auf dem heutigen Gebiet des ehemaligen Bonner Regierungsviertels befand sich zwischen dem ersten und dritten Jahrhundert eine römische Siedlung. Als Bauarbeiter 1989 die Baugrube für das Haus der Geschichte aushoben, fanden sie einen gut erhaltenen römischen Keller aus dem zweiten Jahrhundert nach Christus und mehrere Hundert Fundstücke, die vermutlich von einer Taverne stammten. Diese Fundstücke sowie der römische Keller sind inzwischen im Untergeschoss des Hauses der Geschichte in einer kleinen Ausstellung zu sehen.

Das Haus der Geschichte ist eines von fünf Museen an der Bonner Museumsmeile. Der Begriff stammt aus den 90er-Jahren, in denen mehrere Museen auf rund drei Kilometern entlang der B9 entstanden. Zu den vier anderen Bildungsstätten zählen das Museum König, das Kunstmuseum Bonn, die Bundeskunsthalle und das Deutsche Museum.

Der Eingang zu Bundeskunsthalle.

Zurück zum Haus der Geschichte: Auf dessen Baugrund befand sich einst nicht nur eine Römersiedlung, sondern auch ein beliebtes Ausflugslokal. Die „Rheinlust“ wurde 1847 erbaut und war bekannt und beliebt für den langgestreckten Biergarten, in dem man früher mitten im Grünen saß, und zwar zwischen Venusberg und Rhein mit freiem Blick auf das Siebengebirge. Während das Lokal bis Ende der 1930er-Jahre als Kasino für Offiziere diente, kamen nach 1945 mit der neuen Bundesregierung Karten spielende, diskutierende und trinkende Abgeordnete in die Rheinlust. Hundert Meter weiter fanden die Politiker ebenfalls Gelegenheit dazu. Hier lag das Café Kleimann, das sich in den 1970er-Jahren nach der Eröffnung des Bonn-Centers zur Kneipe Provinz wandelte, die sich wiederum zum Treffpunkt für Linksalternative mauserte. Die Jusos und jungen Grünen – unter ihnen Gerhard Schröder, Joschka Fischer oder Otto Schily – träumten und tranken in dieser Kneipe. Nach einer durchzechten Nacht in der Provinz soll Gerhard Schröder das Kanzleramt, das auf der anderen Straßenseite lag, angesteuert und am Zaun gerüttelt haben, während er schrie: „Ich will hier rein.“ 1998 bis 2005 erfüllte sich dieser lauthals ausgedrückte Traum tatsächlich. 1988 wurde die Kneipe geschlossen und das Haus abgerissen.

Kommen wir von den Geschichten auf den Straßen zurück zu denen in den Museen. In direkter Nachbarschaft zum Haus der Geschichte liegt die Bundeskunsthalle – eine Ausstellungshalle bedeutender Kunstschätze der Welt. Sie wurde 1992 eröffnet und zählt zu den besucherstärksten Museen in Deutschland. Vis-a-vis zur Bundeskunsthalle liegt wiederum das Kunstmuseum Bonn, das im gleichen Jahr eröffnet wurde und sich der Gegenwartskunst widmet. Es zeigt unter anderem ein Werkkonvolut des

Das Museum Koenig.

Bonner Expressionisten August Macke sowie Werke des rheinischen Expressionismus.

Um das nächste Museum zu erreichen, müssen wir einige Schritte gehen – von der B9 geht es in die Adenauerallee, wo bald ein altehrwürdiges, prächtiges Steingebäude zu sehen ist. Hier befindet sich das Museum Koenig, ein Naturkundemuseum. Begründet wurde es vom Bonner Zoologen Alexander Koenig, dem Sohn eines russischen Zuckerfabrikanten, der sich in der heutigen Adenauerallee niederließ. Schon als Kind träumte Alexander Koenig von der Leitung eines Naturkundemuseums. Diesen Traum gab er nie auf. Zu seiner Promotion und Hochzeit bekam er 1884 vom Vater ein Grundstück an der damaligen Coblenzer Straße geschenkt, wo er seiner zoologischen Sammelleidenschaft frönte. Sein Hobby litt unter Platzmangel, weswegen Alexander Koenig im Laufe der Jahre stetig anbaute, umbaute und neu baute. Mit dem Vermögen des 1903 verstorbenen Vaters baute er von 1912 bis 1914 sein Museum.

Der Ausbruch des Ersten Weltkrieges verhinderte die Eröffnung seines Werkes. Das Museum wurde beschlagnahmt und als Lazarett verwendet. Nach Ende des Krieges ging es in die Hände der britischen und französischen Besatzer über und wurde als Kaserne und Gefängnis genutzt. Alexander Koenig aber hielt an seinem Traum fest. Zwar war er nach Ende der Beschlagnahmung seines Museums zu arm, um es weiterzubauen, doch er erreichte, dass das Deutsche Reich das Museum übernahm und ihn als Leiter auf Lebenszeit einstellte. Am 13. Mai 1934 eröffnete er tatsächlich sein Museum und verwirklichte seinen Kindheitstraum. Sechs Jahre später starb Alexander Koenig. Er musste somit nicht mehr miterleben, wie sein Museum im Zweiten Weltkrieg als Luftschutz- und Rettungszentrale und als Lazarett genutzt wurde.

Ein Wahlplakat von 1972 im Haus der Geschichte.

Nach dem Zweiten Weltkrieg diente das Museum als Sitz für Teile der neuen Bundesregierung. Am 1. September 1948 fand darin die Eröffnungssitzung des Parlamentarischen Rates statt, der das Grundgesetz erarbeitete. Die ausgestopften Giraffen, die sich in den Museumsräumen befanden, konnten für dieses geschichtliche Ereignis nicht weggeräumt werden. Sie wurden kurzerhand verhangen und waren somit – wenn auch blind – Zeugen der Geburt der Bundesrepublik. Heute sind sie wiederum sehende Zeugen der späten Erfüllung von Alexander Koenigs Traum: eines besucherreichen Naturkundemuseums in Bonn, das seinen Namen trägt.

Weberstraße

Goldgräberstimmung in Bonn: Wohlhabende Studenten, Professoren und Adelige ziehen in die Stadt, es wird gebaut und eingerichtet, gelernt, gelesen, gelebt, nach Unterhaltung getrachtet. Als König Friedrich Wilhelm III. von Preußen 1818 die Bonner Universität gründete, veränderte sich die Stadt stark und die Südstadt mit ihren inzwischen hochklassigen und hochpreisigen Häusern und Wohnungen entstand. Der Großteil der Gebäude wurde zwischen 1860 und 1910 gebaut. Die ersten Häuser der Südstadt lagen in der Kaiser- und der Weberstraße. Um Letztere geht es in diesem Kapitel. Begleitet werden wir dabei vom Südstädter Arnulf Marquardt-Kuron.

Von der Goldgräberstimmung wurde auch Buchhändler und Verleger Eduard Weber angesteckt.

Denkmalgeschütztes Wohnhaus, Weberstraße 75.

„Die wohlhabende und studierende Bevölkerung in Bonn brachte auch ein enormes Lesebedürfnis mit, wodurch Eduard Weber durchaus wohlhabend wurde“, so Marquardt-Kuron. Der gutsituierte Buchhändler investierte bald in Immobilien. Er kaufte Bauern das Land in der heutigen Südstadt ab, parzellierte es, baute Häuser darauf und verkaufte sie. Die Südstadt ist geprägt durch zahlreiche solcher Spekulationsbauten. Die Weberstraße, die den Namen des Buchhändlers trägt, zieht sich von der Adenauerallee über die Bahngleise hinweg bis zur Argelanderstraße. Die Fassaden der Häuser schenken der Straße historischen Charme. Die in der Gründerzeit so modernen Schnörkel, Ranken und Verzierungen blieben weitestgehend erhalten. Diese Verzierungen, die die Südstadt zu einem Stadtteil mit nostalgischem Flair machen, wurden bei der Entstehung der Straßen – so auch bei der Weberstraße – ganz zum Schluss gestaltet.

Investoren wie Weber bauten die Häuser häufig ohne fertige Fassade, wie Marquardt-Kuron erklärt. Die späteren Eigentümer suchten sich ihren Stuck aus Katalogen aus und ließen sich ihr Anwesen so schmücken, wie es ihnen gefiel, „was freilich zum Wildwuchs der Stile führte, da die einen eher römische Säulen und die anderen steinerne Blumen bevorzugten“, so der Geograf. Er weist auch auf die Pflanzen in den Vorgärten der Weberstraßen-Häuser hin. Vor dem Haus, das gegenüber der Einmündung der Prinz-Albert-Straße steht, entfaltet ein asiatischer Drachenbaum seine Pracht. Vor dem Haus Nummer 50 ragen zwei riesige Mammutbäume aus Nordamerika in große Höhen hinauf, und weiter oben, Richtung Bonner Talweg, streckt ein Feigenbaum seine Äste über den Gehweg. „Die wohlhabende Bevölkerung wollte zeigen, was sie hatte und wie welt-

Auf dieser Postkarte von 1905 ist hinten rechts die Villa Billa in der Bonner Südstadt, Weberstraße 49, abgebildet.

offen sie war", erklärt Markquardt-Kuron die Bäume aus fernen Ländern.

Ohne Stuck, Schnörkel oder Baumschmuck steht an der Weberstraße 49 ein Neubau zwischen Altbauten. Sein Vorgängerbau beherbergte eine Geschichte, in der zwei Bonner Frauen so allerlei Tricks und Lügen erfanden um ein Leben mit allem Pomp zu führen. Die Geschichte mag einigen Karnevalsfans sehr bekannt sein, da sie die Band „Bläck Föös" in einem ihrer Schunkellieder besingt. Die Gruppe hat das Lied gecovert, das 1913 aus der Feder von Willy Ostermann floss. Im Refrain heißt es: „Jetz hät dat Schmitzen Billa, En Poppelsdorf en Villa, Et hät en eijen Haus, dat Bell es fein erus!" Dass Sibilla Schmitz für kurze Zeit eine Villa hatte und es sich gut gehen ließ, wie im Lied besungen, stimmt so weit. Doch stand die Villa nicht in Poppelsdorf, sondern eben in der Weberstraße 9.

Sibilla Schmitz war eine einfache Kauffrau. Sie hatte eine uneheliche Tochter mit einem gewissen Grafen Ulrich von Schack. Der war wiederum mit der jüngeren Schwester von Sibilla verheiratet. Die uneheliche Tochter Else soll – wie es aus einer Gerichtsverhandlung vor der Bonner Stadtkammer beschrieben wird – unter falschem Namen und unter Vorgabe falscher Tatsachen Geld und Waren im Gesamtwert von mehr als 210.000 Mark erschwindelt haben. Die Mutter wurde wegen Beihilfe mitangeklagt.

Denkmalgeschütztes Wohnhaus, Weberstraße 83.

Diese Schwindelei muss sich folgendermaßen abgespielt haben: Mutter Sibilla und Tochter Else Schmitz mieteten das Haus in der Weberstraße in der Absicht, möblierte Zimmer an wohlhabende Studenten zu vermieten. Um die Zimmer einzurichten, fuhr Else mit einer Droschke bei einem Möbelhändler vor, gab sich als „Gräfin von Schack" aus, bestellte für ein paar 100 Mark und bezahlte in bar. Wenige Tage später fuhr sie erneut vor. Sie hatte das Vertrauen des Möbelhändlers gewonnen, bestellte also nochmals Ware – diesmal im Wert von 30.000 Mark – und gab vor, später zu bezahlen. Das tat sie allerdings nie. Auf diese Weise prellte sie auch andere Geschäftsleute und Händler um ihr Geld. Else und Sibilla Schmitz lebten in Saus und Braus und verjubelten ihren ergaunerten Reichtum, den sie durch Kredite steigerten, die sie nie zurückzahlten.

Dieses Leben hielt jedoch nur bis zur Gerichtsverhandlung an. In der Anklage wird den Frauen außerdem „Kuppelei" vorgeworfen, was vermuten lässt, dass Else und Sibilla nicht nur luxuriöse Zimmer, sondern bei Bedarf auch weibliche Begleitung vermietet haben. Else wurde 1906 zu 16 Monate, Gefängnis verklagt, die Mutter zu zwei Monaten. Die Villa wurde 1938 abgerissen und durch ein unscheinbares Haus ersetzt. Die Legende jedoch bleibt.

Schumannstraße

Als in der Schumannstraße jüngst Kanalbauarbeiten stattfanden, schaute sich der Südstädter Arnulf Marquardt-Kuron einmal genauer den Bauschutt an und fand darin Schätze aus der Vergangenheit: Teile von Vasen, Henkel von Tassen oder Bruchstücke von Tellern. Sie alle stammen aus der ehemaligen Steingutfabrik F. A. Mehlem und schlummerten über 140 Jahre unter dem Asphalt der Schumannstraße, die sich entlang der Gleise von der Weberstraße bis zur Reuterstraße zieht.

Marquardt-Kuron erklärt, was es mit seinem Fund auf sich hat. Die Straßen zwischen Kaiserstraße und Bonner Talweg stünden unter Wasser, gäbe es den Altarm des Rheines, die Gumme, noch, die sich durch die Südstadt zog. Im Laufe der Jahrhunderte verlandete der alte Rheinarm und wurde zum Baugrund. Die Häuser, die an der Kaiserstraße, der Prinz-Albert-Straße und Schumannstraße sowie in den Querstraßen zum Bonner Talweg gebaut wurden, wie etwa der Lessing-, Goethe- oder Weberstraße, stehen auf ehemaligen Flussboden. Kaum eins der Häuser ist unterkellert, was man vor allem beobachtet, wenn man an den Bahnschranken an der Lessing-, Weber- oder Kaiserstraße steht. Die Gärten sind ehemaliger Gummeboden, die Häuser von ihnen aus ebenerdig erreichbar. Auf der anderen Hausseite, die zur Straße liegt, wurden die Korridore zwischen den Wohngebäuden aufgeschüttet, um den Höhenunterschied zwischen Hauseingängen und Gummeboden auszugleichen. Dafür wurden nicht nur Schotter und Asphalt, sondern auch die Produktionsrückstände der Mehlemschen Steingutfabrik verwendet. Auf diese Mixtur legte sich der Asphalt. Wer weiß, welche Schätze er wohl noch verbirgt?

Denkmalgeschütztes Wohnhaus, Schumannstraße 20.

Bis Ende des 19. Jahrhunderts war die Schumannstraße keine Wohn-, sondern eine Industriestraße. Die Eisengießerei Mönkemöller hatte hier ihr Firmengelände, das sich von der Weberstraße bis hin zur Elisabethkirche zog. Damit kreuzte sie die Lessingstraße, die erst, nachdem die Fabrik abgerissen worden war, bis zu den Gleisen verlängert wurde. Friedrich Mönkemüller zog Ende des 19. Jahrhunderts nach Dottendorf um. Relikt aus dieser Zeit ist das Fabrikantenhaus in der Schumannstraße 49. Es ist das älteste Gebäude der Straße.

Liebhaber der Gründerzeitbauten kommen bei einem Spaziergang durch die Schumannstraße, die 1904 nach dem Komponisten Robert Schumann benannt wurde, auf ihre Kosten. Von ihrer Quelle bis Mündung wetteifern die Häuser um den schöneren Anblick. Hat man von der Weberstraße aus kommend die Les-

Denkmalgeschütztes Wohnhaus, Schumannstraße 49, Fabrikantenvilla Mönkemöller.

Kirche Sankt Elisabeth.

singstraße hinter sich gelassen, so öffnet sich der Korridor der Schumannstraße bald zu einer Weite, die einen noch prächtigeren Anblick bietet. Auf einer Anhöhe, umgeben von einem Park, einem Spielplatz und Parkbänken, steht die katholische Pfarrkirche Sankt Elisabeth. 1906 wurde mit dem Bau der neoromantischen Kirche begonnen. 1908 war der Rohbau bereits fertig und 1912 konnte das Gebäude geweiht werden.

Bevor die Gläubigen diesen Platz fanden, wurde hier Fußball gespielt. Um die Wende vom 19. ins 20. Jahrhundert wurden Fußball und Volkssport ungemein populär. Es bildeten sich erste Mannschaften und schließlich Vereine. Doch wo sollte man spielen? Zunächst wurde etwa der Garten des Arndthauses an der Adenauerallee für den Fußball genutzt, auf einem Exerzierplatz auf dem Venusberg oder auch auf dem Hofgarten wurden Spiele ausgetragen. Ab 1898 schaffte die Stadt endlich Abhilfe und wies ein dauerhaftes Spielfeld für den neuen Sport aus. Es hieß „Auf dem Kessenicher Feld“ und befand sich ungefähr dort, wo heute Sankt Elisabeth ihre geistliche Ruhe ausstrahlt. Am 6. November 1989 wurde auf dem neuen Fußballplatz das erste Spiel ausgetragen. Die Bonner Mannschaft gewann 5 zu 1 gegen ihre Gegner aus Düren. Ein voller Erfolg!

Ihr Quartier hatten die Bonner Fußballer in der Nähe des Platzes in einer Gaststätte. Dort wurden auch die Tore gelagert. Die Umstände, unter denen Fußball gespielt wurde, waren eben mehr als bescheiden. Die Sportler zogen sich in nahe gelegenen Büschen und später in Wellblechhütten um.

Der Fußball war nicht der einzige Sport, der in Bonn Einzug fand. Nur etwa 300 Meter von dem Fußballfeld entfernt sicherte sich der Bonner Eisclub 1898 ein 30.000 Quadratmeter großes Grundstück, etwa an der Ecke Schumannstraße/Reuterstraße. Im Winter konnte man eislaufen und Eishockey spielen, im Sommer wurde der große Platz für andere Sportarten genutzt.

Der Sport musste in der Schumannstraße bald dem Wohnen Platz machen. Heute können die Kinder auf einer asphaltierten Fläche vor der Elisabeth-Kirche einen Ball springen lassen, und zur Linken der Kirche steht eine Tischtennisplatte, auf der mit einem stetigen Ping und Pong bei Sonnenschein und Windstille um einen Sieg gerungen wird.

Pützstraße/Kessenich

Die Haribo-Zentrale in Bonn-Kessenich.

Quietschend und ächzend fährt eine Straßenbahn in die Haltestrelle „Pützstraße" ein. Die Türen öffnen sich und sogleich kommen eine Menge Menschen aus der Bahn geströmt. Es zieht sie in die Pützstraße. Nicht nur ihre Gehrichtung verbindet all die unterschiedlichen Menschen, auch ihr Vorhaben ist dassselbe. Sie wollen etwas erledigen und finden dazu Möglichkeit im kleinen Zentrum Kessenichs.

Die Pützstraße verbindet die viel befahrene Hausdorffstraße mit der schmalen Burbacher Straße. Zusammen bilden sie die Hauptschlagader des Stadtteils in Nachbarschaft zur Südstadt und Dottendorf. Entlang dieser Verkehrsader finden sich Geschäfte des täglichen Bedarfs und Orte zum Verweilen. In der Pützstraße reiht sich Geschäft an Geschäft und so lässt sie im Kleinen eigentlich kaum etwas vermissen: Supermarkt, Bäckereien, eine Post, eine Apotheke, eine Schneiderei, ein Handyladen, ein Imbiss, ein Blumenladen, Friseure, eine Drogerie und weitere Fachgeschäfte lassen sich finden. „In der Pützstraße ist Fluktuation und Leben. Zwischen Südstadt und Bad Godesberg gibt es keine vergleichbare Straße", erklärt Stephan Löbbert, der in der Pützstraße/Ecke Burbacher Straße ein orthopädisches Schuhgeschäft führt.

In vierter Generation verkauft Löbbert Schuhe unter dem Familiennamen. Sein Urgroßvater hatte eine Schusterwerkstatt in Höhe des Bunkers an der Lotharstraße in Kessenich. Der Großvater fertigte wiederum Schuhe in einer Werkstatt in der Burbacher Straße an und der Vater von Löbbert zog schließlich mit seiner Schusterei in das Ladenlokal, das der Sohn seit 2003 weiterführt. Stephan Löbbert ist in der Pützstraße aufgewachsen und fühlt sich mit ihr eng verbunden. Gegenüber dem Laden befindet sich ein Drogeriemarkt, doch lange beherbergte das Gebäude ein Restaurant mit Tanzlokal, an das sich vor allem Löbberts Vater gerne erinnerte. Weiter vorne in der Pützstraße befand sich das Café Esser, das vielen Kessenichern ein Begriff war. Heute ist in dem Lokal ein Handyladen beheimatet.

Zum Kessenischer Alltag und somit auch zur Pützstraße gehörte früher unweigerlich der Duft nach Lakritz, der von Bonns berühmten Goldbären zeugte. Am 13. Dezember 1920

Das Ehepaar Dietrich vor seinem Haushaltswaren-Geschäft in der Pützstraße.

Stephan Löbbert vor seinem Geschäft in der Pützstraße.

gründete Hans Riegel seine Firma Haribo in der Kessenicher Bergstraße, nur etwa acht Minuten Fußweg von der Pützstraße entfernt. Damals bestand das Inventar des heute international bekannten Konzerns mit mittlerweile rund 7000 Mitarbeitern weltweit lediglich aus einem Sack Zucker, einer Marmorplatte, einem Hocker, einem Herd, einem Kupferkessel und einer Walze. Dem 27-jährigen Hans Riegel griff seine Frau Gertrud unter die Arme. Seinen berühmten Goldbären erfand Hans Riegel zwei Jahre später. Anfangs verteilte er seine Süßigkeiten mit dem Fahrrad an seine Kunden. Heute karren riesige LKW die Goldbären in Geschmacksrichtungen aller Art durch die Welt. Rund 100 Millionen Bären werden täglich produziert.

Der Bär überlebte die Wirtschaftskrise und Nazischrecken sowie den frühen Tod seines Erfinders 1945 und genoss unter den Söhnen Riegels, Hans und Paul, das Wirtschaftswunder. Gemeinsam mit TV-Moderator Thomas Gottschalk machte er bald Kinder und Erwachsene froh – außerdem die US-Astronautin Cady Coleman, die den Goldbären 2019 tütenweise mit auf die Raumstation ISS nahm. Seit 2021 ist das Haribo-Werk aus Bonn ausgezogen und verströmt in der Grafschaft seinen süßen Duft.

Zurück in die Pützstraße. In ihrer Mitte befindet sich das Haushaltswarengeschäft von Katja und Ingo Dietrich. Seit 26 Jahren betreibt das Ehepaar es bereits. Betritt man es, glaubt man, man könne sich verlaufen. Bis an die Decken stapeln sich die Haushaltswaren – baumeln über den Köpfen der Kunden. In der Flucht des Mittelganges sieht man am hinteren Ende des Geschäfts den Tresen, an dem Katja Dietrich hinter der Kasse beratend zu Seite steht. „Die Stammkunden kommen nicht nur aus Kessenich, sondern aus ganz Bonn und manchmal sogar aus Berlin oder anderen fernen Städten. Haushaltswarengeschäfte gibt es nämlich kaum noch", erzählt sie. Die Pützstraße sei mit der Burbacher Straße und der Hausdorffstraße das Herz Kessenichs, sagt die Geschäftsführerin. „Hier gibt es viele Läden, die besonders sind."

Die Tradition vermischt sich aber auch in der Pützstraße mit der Moderne. Eine Eisdiele, ein Barbier, ein Dönerimbiss gehören selbstverständlich dazu. Zu den herzhaften Gerüchen gesellen sich die süßlichen aus den Bäckereien und der Duft eines Blumenladen. Sie steuern zum geschäftigen Treiben in der kleinen Straße den Duft eines städtischen Zentrums bei. Und neben den Stimmen, den parkenden und abfahrenden Autos, den sich öffnenden und schließenden Ladentüren bereichert eine bremsende Straßenbahn die Geräuschkulisse, die eine weitere Gruppe Menschen in das Herz von Kessenich bringt. Wir steigen in die Bahn ein und fahren wieder Richtung Südstadt.

Bonner Talweg

Schneider Ali Ufukhan in seiner Schneiderei am Bonner Talweg.

Die Auswahl ist groß: Auf jedem Teil des Bonner Talwegs wartet ein Lokal mit Frühstücksangeboten, Kaffee und Kuchen. Von jeder Terrasse dieser Lokale aus kann man das Treiben der Südstadtbewohner beobachten. Kleine inhabergeführte Geschäfte, Cafés und Restaurants dominieren das Straßenbild mit dem menschlichen Treiben in der Hauptschlagader der Südstadt. Die stetig ankommenden und abfahrenden Straßenbahnen bringen neue Gesichter in die Straße. Alle haben etwas zu erledigen und haben ein Ziel und wenn es nur das ziellose Verweilen in einem der Cafés ist.

Im 19. Jahrhundert sah es in der heutigen Einkaufsstraße der Südstadt ganz anders aus und der Geruch wäre nicht der von frisch gebackenem Brot einer lokalen Bäckerei gewesen. Der deutsche Geograf Alfred Philippson wurde 1864 in Bonn geboren und lebte in der Königstraße, aus der ihn und seine Familie später die Nazis vertrieben. Im Lager Theresienstadt schrieb er seine Memoiren nieder und gedachte seiner Kindheit in der damaligen Südstadt. Unter anderem erinnerte er sich, dass Eier und Brot nur mit Pferde- oder Hundewagen in die Südstadt kamen oder wie er Bauern und Bahnarbeiter traf und begleitete. Und dann war da noch die Chemiefabrik, über deren Umzug nach Beuel die Südstädter sehr erleichtert waren, da damit der Gestank aus dem Wohnumfeld wegzog.

Dort wo heute prächtige Gründerzeithäuser stehen, ein Schreibwaren- und ein Modegeschäft, eine Wäscherei und der Rewe am Bonner Talweg (Ecke Weberstraße) zu finden sind, dampfte ab 1846 die besagte Chemiefabrik von Ludwig Clamor Marquardt. 1804 erfüllte er sich, der in Osnabrück als Sohn eines Kammerdieners geboren worden war, am Bonner Talweg den Traum, mit der Chemie Karriere zu machen. Ein Weg, der zunächst sehr holprig begonnen hatte. Mit 14 Jahren entschied er sich dafür, Apotheker zu werden und begann eine praktische Ausbildung. Die Grundlagen der Chemie, Pharmazie und Botanik brachte er sich selbst aus Büchern bei, die ihm ein Lehrer zur Verfügung stellte. In Bonn legte er schließlich 1832 seine Prüfung zum Apotheker mit Bestnote ab. Sein Ziel war eine wissenschaftliche Karriere, allerdings blieb ihm dies in Bonn verwehrt. Also wollte Marquardt eine Apotheke in Beuel gründen, was wiederum durch behördliche Intrigen vereitelt wurde. Trotz all der Enttäuschungen schmiedete Marquardt den nächsten Plan: eine chemische Fabrik zu gründen.

1845 fand er das Grundstück am Bonner Talweg, das damals noch längst nicht von Wohnhäusern umgeben war. Das Firmengelände, das er erbaute, reichte in etwa vom Bonner Talweg an der Ecke zur Weberstraße bis hoch zur Argelanderstraße. Marquardt stellte Feinchemikalien, Reagenzien, Säuren und pharmazeutische Präparate her, die er an Ärzte, Apotheken und die Bonner Universität verkaufte. Marquardt arbeitete eng mit dem bekannten deutschen Chemiker Justus von Liebig zusammen. Seinen Traum von einer wissenschaftlichen Tätigkeit erfüllte sich Marquardt im eigenen Betrieb. Erstmals wurden Chloroform und Schwefelkohlenstoff fabrikmäßig hergestellt, und auch das Backpulver wurde erfunden. Davon erzählt der Südstädter Arnulf Marquardt-Kuron, während er am Bonner Talweg vor dem ehemaligen Fabrikareal steht: „Es war die Zeit der Hungersnöte und Justus von Liebig sowie der US-Wissenschaftler Eben Norton Horsford waren gemeinsam mit Marquardt auf der Suche nach einem Triebmittel, das das Brotbacken ohne Hefe ermöglicht. Aus dieser Überlegung entstand das heutige Backpulver, das erstmalig in Ludwig Clamor Marquarts Chemiefabrik produziert worden ist. Doch leider hatte das Mittel keinen großen wirtschaftlichen Erfolg und die Produktion wurde bald wieder eingestellt. Erst Dr. Oetker konnte das Backpulver populär machen, indem er auf die Idee kam, es in Tütchen zu portionieren."

Auch wenn das Backpulver nicht viel einbrachte, hatte Marquardt mit seiner Fabrik großen Erfolg. 1873 beschäftigte das Unternehmen 70 Arbeiter und hatte Vertretungen in England, Belgien, Holland und Japan. 1872 gab der leidenschaftliche Chemiker sein Werk an seine Söhne ab, weil er schwer erkrankte. 1881 verstarb er und wurde auf dem Alten Friedhof beigesetzt.

Als die Südstadt mehr und mehr bebaut wurde, stank der Nachbarschaft das Chemiewerk gewaltig. Die zunehmenden Beschwerden führten zum Wegzug des Werkes wie auch anderer Industriebetriebe aus dem Quartier. Heute kann man sich kaum mehr vorstellen, dass die Südstadt einst Industriegebiet war. Der Bonner Talweg ist die Flaniermeile eines wohlhabenden und trendigen Viertels im Bonner Zentrum, in dem die Fachgeschäfte die Vorherrschaft haben. Wenn die Tür zur Schneiderei von Ali Ufukhan am Bonner Talweg 46 aufgeht, tönt ein herzliches „Hallo" aus dem Ladeninnern und dem Munde des Hereinkommenden. Kunden begrüßen den Schneider wie einen Onkel und bewegen sich im Laden wie in einem vertrauten Wohnzimmer. 2023 feierte der Schneider das 40-jährige Jubiläum seines kleinen Handwerksbetriebes. „Viele Bonner, die ich schon als Kinder kenne, kommen auch in ihren 30ern noch zu mir und wollen Traubenzucker, weil sie das so aus ihrer Kindheit kennen", sagt Ufukhan. Er hat den Bonner Talweg aufwachsen und sich verändern sehen.

Denkmalgeschütztes Wohn- und Geschäftshaus, Bonner Talweg 34.

„Die Straße war schon immer so belebt wie heute. Zu Bundeshauptstadt-Zeiten waren hier viele Politiker unterwegs. Nun kommt durch den Posttower, den UN-Campus und die Telekom Publikum hierher", beschreibt der Schneider die Straße. Auf dem Bonner Talweg ist sein Geschäft das fünftälteste. Im Gegensatz zur Innenstadt wird das Geschäftsleben hier von Einzelpersonen und Inhabern beherrscht. „Wir Einzelhändler sind dadurch eine große Familie, die sich gegenseitig hilft", schwärmt der Schneider von seiner Südstadt-Straße.

Königstraße

Wären wir Ende des 19. Jahrhunderts an der Poppelsdorfer Allee entlangspaziert, so wäre der Gang mit dem Duft von Kaffee begleitet gewesen. Folgen wir der Nase und rücken an die Quelle des Duftes heran: Wir befinden uns in der heutigen Königstraße 78, wo ab 1891 die Kaffeerösterei „A. Zuntz sel. Wwe." (‚Amschel Zuntz seligen Witwe') stand – ein Familienunternehmen, das 140 Jahre lang Bestand hatte und überregional so bekannt war wie heute Tchibo oder Starbucks.

Das Unternehmen begann mit einer einfachen Kaffee- und Kolonialwarenhandlung. Nathan David Hess, der Sohn eines bekannten Mannheimer Rabbiners, hatte sie im Jahr 1783 in der Bonner Judengasse (heute Tempelstraße) gegründet. Seine Tochter Rachel heiratete ihren Cousin Amschel Herz Zuntz. Die junge Liebe währte jedoch nur ein Jahr, Amschel verstarb, Rachel war nun Witwe. Als auch ihr Vater starb, übernahm Rachel, die nun als „des seligen Amschel Zuntz Witwe" bekannt war, die Kaffee- und Kolonialwarenhandlung, die unter ihrem Namen, beziehungsweise Spitznamen, lief. Sie führte das Geschäft gemeinsam mit ihrem Sohn Leopold in der Hundsgasse. Dieser hatte zuvor eine Ausbildung zum Kaufmann absolviert und baute den Betrieb wesentlich aus. So kam in den 1850er-Jahren die hauseigene Spezialität „kandierter Kaffee" zur Produktpalette hinzu.

Fassade der Kaffeerösterei Zuntz in Bonn-Südstadt, Königstraße 78.

Als 1874 Rachel und ihr Sohn starben, übernahmen die Enkel der Witwe, Albert und Josef, das Unternehmen und expandierten – wie es ihnen Vater Leopold vorgemacht hatte – weiter. Sie gründeten Niederlassungen in Berlin und Hamburg und erlangten ein Patent auf ein Kaffeekonzentrat. Außerdem verlegten sie den Bonner Firmensitz in den Poppelsdorfer „Grünen Weg", der heute zur Königsstraße gehört. Der Gebäudekomplex, der aus einem Verwaltungs-, Fabrik-, einem Kontorgebäude und der Kaffeerösterei bestand, ist nicht mehr im ursprünglichen Zustand erhalten. Eine denkmalgeschützte Fassade des „Chateau Gothique" und zwei Säle sind übrig geblieben. Die Fassade trägt bis heute das Firmenlogo des Unternehmens: eine Dame mit Hut.

In dem Poppelsdorfer Komplex wurde damals nicht nur Kaffee geröstet, sondern auch Teemischungen wurden zubereitet. Diese wurden wie der Kaffee in eigenen Filialen verkauft, die Zuntz in ganz Deutschland eröffnete – wie heutige Kaffee-Handelsketten dies tun. Neben den Filialen entstanden häufig zu Werbezwecken Kaffeestuben, in denen Zuntzsche Spezialitäten direkt serviert wurden. Dieser Geschäftszweig erwies sich bei den Kunden als heiß begehrt und nahm für das Unternehmen an Bedeutung zu. Aber das Glück, das Familie Zuntz in der

Denkmalgeschützte Wohnhäuser, Königstraße.

Kaffeebohne gefunden hatte, schwand: Als die Nationalsozialisten in Deutschland an die Macht kamen, wurde das jüdische Unternehmen nach und nach unter nicht-jüdische Leitung gestellt und Familie Zuntz verdrängt. Deportation, die Flucht in den Selbstmord oder eine gelungene Flucht in Sicherheit trieb sie auseinander. Ihr Unternehmen wurde unter den Nazis und im Krieg vollständig ruiniert. 1951 übernahm die Münchener Firma Dallmayer einen Teil des Geschäfts, 1976 die gesamte Firma.

Das Zuntzsche Schicksal hat uns ans obere Ende der Königstraße geführt, das ganz in der Nähe des Poppelsdorfer Schlosses' liegt. Für ein weiteres jüdisches Schicksal müssen wir die Königstraße bis zu ihrem anderen Ende in Richtung Prinz-Albert-Straße und den Bahngleisen entlanglaufen. Dort angekommen, muss man genauer hinschauen, um den Hinweis auf die folgende Geschichte zu finden: Vor dem Haus Nummer 1 ist ein Stolperstein eingelassen, der der jüdischen Gelehrtenfamilie Philippson gedenkt. Geograf Alfred Philippson und seine Tochter Dora gehörten zu den wenigen überlebenden Bonner Juden. Nach ihrer Rückkehr aus dem KZ Theresienstadt war Dora Philippson an dem Wiederaufbau der Bonner Synagogengemeinschaft beteiligt.

Dora Philippson verfügt über eine beeindruckende Biografie. Ihr Vater Alfred Philippson war Professor für Geografie und Experte für Griechenland. Nach mehreren Umzügen innerhalb Deutschlands wurde er an die Universität seiner Heimatstadt Bonn berufen, wo die Familie in seinem Geburtshaus in der Königsstraße wohnte. Tochter Dora zog es zu den Fächern Mathematik, Physik und Chemie hin, die sie unter anderem in Bonn studierte. 1920 legte sie ihre Prüfung für das Lehramt für Höhere Schulen mit Auszeichnung ab. Als Lehrerin brachte sie ihr Wissen in verschiedenen Schulen in Deutschland an die Jugend, unter anderem in Bonn und Berlin. Dieser Berufung setzten die Nazis ein Ende und entließen die Lehrerin 1933.

Dora Philippson unternahm mehrere Versuche, in die USA zu fliehen, was ihr aber nicht gelang. Der Familienbesitz in der Königstraße wurde 1941 von den Nazis beschlagnahmt. 1942 wurden die Familienmitglieder nach Theresienstadt deportiert. Immer wieder entgingen Dora Philippson und ihre Eltern dem Tod. Dora kümmerte sich um die Alten und Kranken im Lager, wo sie auf der Krankenstation arbeitete. 1945 kehrten sie, ihr Vater und seine Frau nach Bonn zurück, wo sie erst bei Freunden, dann in der Endenicher Allee unterkam. Zwar wurde Dora Philippson in der Nachkriegszeit als Studienrätin in das Clara-Schumann-Gymnasium berufen, sie konnte aber ihrem Beruf wegen ihrer angeschlagenen Gesundheit nicht mehr nachgehen. Dennoch blieb sie aktiv: Sie setzte sich für Wiedergutmachungsverfahren für Juden ein, baute die Synagogengemeinde wieder auf, war Mitbegründerin der Bonner Gesellschaft für christlich-jüdische Zusammenarbeit und eines jüdischen Frauenvereins in Bonn. Dora Philippson starb 1980 mit 84 Jahren, ihre Geschichte jedoch bleibt in der Königstraße lebendig.

Prinz-Albert-Straße

Ein Tresen, eine Fensterbank, auf der man sitzen kann und draußen eine lange Sitzbank – viel mehr ist im und am Café Süd an der Straßenbahnhaltestelle „Poppelsdorfer Allee“ nicht zu finden. Nur rund 15 Quadratmeter hat das Lokal von Daniel Albrecht, der sich 2008 entschied, eine Café-Bar statt eines großen Cafés mit Innen- und Außensitzplätzen zu eröffnen. Entscheidend für ein solches Konzept ist die Lage. Das Lokal in der Prinz-Albert-Straße war für Albrecht ideal, da Spaziergänger, Bahnfahrende und Durchreisende, die auf dem Weg in die Innenstadt sind, hier vorbeikommen. Auch Übernachtungsgäste des Hotel Bristols gingen direkt gegenüber von Albrechts Tresen ein und aus. Seit 2021 gibt es das Hotel allerdings nicht mehr, es hat seinen Betrieb eingestellt. 2023 wurde aus dem geschichtsträchtigen, einst prestigereichen Hotel eine Baustelle, auf der ein Gebäude mit Eigentumswohnungen entsteht.

Der Hotelstandort an der Prinz-Albert-Straße, Ecke Poppelsdorfer Allee, war wohl schon immer ein wackliger Kandidat für geschichtsträchtige Gebäude. Für das Hotel Bristol musste nämlich ein imposantes Gebäude weichen.

Daniel Albrecht und sein Sohn im Café Süd am Beginn der Prinz-Albert-Straße.

Fünf Zentner Dynamit sprengten einst die Fläche an der Prinz-Albert-Straße frei, auf der das Hotel Bristol gebaut wurde. Das Dynamit machte das Gebäude des Bürgervereins, das einst Bonns Kultur eine Heimat geboten hatte, dem Erdboden gleich. Es war Spielstätte des Stadttheaters gewesen, beherbergte ein Restaurant mit Gartencafé, ein Tonnengewölbe und drei Kegelbahnen. Später eroberte die Beatszene das Gebäude, ehe es schließlich 1969 gesprengt wurde.

Die Anfänge des Bürgervereins liegen in einer noch älteren Bonner Institution, der „Lese“. Diese wurde 1787 von Bürgerlichen und Standespersonen, wie es hieß, gegründet. In Zeiten der Aufklärung beschäftigten sie sich gemeinsam mit Literatur, Kunst, Wissenschaft und Fragen der Zeit und hielten sich mit Zeitungen, Büchern und Schriften auf dem Laufenden. Die katholischen Mitglieder der „Lese“ hatten im 19. Jahrhundert genug von den religionskritischen Diskussionen der Studenten, die Marx, Nietzsche und Heine besprachen. 1862 gründeten sie deswegen einen Bürgerverein, der sich weniger mit Politik als mit kultureller Unterhaltung und Fortbildung befassen sollte.

Ab 1910 gab es für dieses Anliegen ein Vereinshaus. Der Verein errichtet an der Ecke Poppelsdorfer Allee/Prinz-Albert-Straße ein imposantes Gebäude, einen Monumentalbau mit vier Geschossen, der im aufwendigen Jugendstil, Historismus und Neoklassizismus gestaltet wurde. Im Erdgeschoss des Bürgervereins gab es ein Restaurant, in einem großen Festsaal und auf den drei Kegelbahnen genügend Vergnügungsmöglichkeiten für Bonns christliche Bürger – vor allem mit dem Zugang zu den 100.000 Flaschen im Weinkeller. In den Ober-

Innenansicht des Elisabeth-Krankenhauses.

geschossen gab es Club-, Gesellschafts-, Konferenz- und Leseräume sowie eine Bibliothek.

In dem Gebäude trugen sich große Ereignisse zu, so etwa die erste konstituierende Sitzung der CDU-/CSU-Bundestagsfraktion. Hier wurde Konrad Adenauer zum Vorsitzenden der Fraktion gewählt, zwei Wochen später war er der erste Bundeskanzler der jungen deutschen Bundesrepublik. Ab 1949 probte und spielte das Bonner Stadttheater in dem Kulturtempel. Als 1965 die Oper am Rheinufer bezugsfertig war, verließ das Stadttheater die Prinz-Albert-Straße. Damit war das Haus beinahe leer. Lediglich der Bonner Jugend hatte es das Gebäude zu verdanken, dass dort weiterhin Kultur stattfand. Das Restaurant überlebte. Im Gewölbekeller entstanden berühmt-berüchtigte Clubs für die von der Beatmusik infizierten Jugendlichen.

Für den Beat war es an der Poppelsdorfer Allee 1969 jedoch vollends vorbei, denn gegen die Sprengung des Gebäudes konnte die junge Generation nichts ausrichten – ebenso wenig wie all die Bonner, die bei der Nachricht der Sprengung des Bürgervereins aufschrien. Am Samstag, dem 22. März 1969, um 15.45 Uhr gab der Sprengmeister das Signal, kurbelte das Ladegerät an und drückte auf den Auslöser. Ein Schlag und schon war nur noch Staub übrig. Der Bürgerverein wurde Geschichte, die des Hotel Bristols begann. Es wurde 1972 eröffnet und war in Hauptstadtzeiten eine von Bonns Übernachtungsstätten für Gäste des Auswärtigen Amtes.

Das inzwischen abgerissene Hotel Bristol, 2013.

Vom ehemaligen Hotel Bristol und dem Café Süd an der Ecke Poppelsdorfer Allee zieht sich die Prinz-Albert-Straße entlang der Bahngleise bis zur Weberstraße. An ihrem Rand stehen prächtige Gründerzeithäuser. Ab der Kreuzung Königstraße bis zur Loestraße belegt das Elisabeth-Krankenhaus eine Straßenseite. Es hat seinen Ursprung im Jahr 1907. Am 1. Mai wurden in dem Krankenhaus, das damals Professor Rumpfsche Klinik hieß, die ersten zwei Patienten aufgenommen. In den Jahren nach dem Ersten Weltkrieg kümmerten sich die Franziskanerinnen von Waldbreitbach und die Barmherzigen Brüder aus Trier im Krankenhaus nicht nur um Krankenpflege, sondern auch die Armenspeisung zahlreicher Notleidender. 1924 war die schwerste Zeit überwunden und das Krankenhaus wurde umgebaut. Aus vier Gebäuden wurde ein Komplex, der seinen damals neuen und heute altbekannten Namen St.-Elisabeth-Krankenhaus erhielt.

Auch wenn die Prinz-Albert-Straße hauptsächlich Wohn- statt belebter Einkaufsstraße ist, so zeigt sich, dass im Laufe der Geschichte, Menschen jeglicher Gesellschaftsschicht und mit unterschiedlichsten Zielen und Absichten sie aufgesucht haben, ähnlich wie es täglich im Zentrum passiert – sei es für Kunst und Kultur, für Politik, für Beatmusik, für einen Kaffee oder für Heilung.

Poppelsdorfer Allee

Als 1744 der Bau des Poppelsdorfer Schlosses vollendet war, wurde eine Woche lang gefeiert. Entlang der Poppelsdorfer Allee, der Sichtachse zum heutigen Universitätsschloss, wurde eine Kirmes veranstaltet. Buden, Schausteller, Weinhändler und Bierbrauer boten ein Spektakel, auf dem vor allem gezecht wurde. Selbst Kurfürst Clemens August soll auf der Kirmes tief ins Glas geschaut haben. Doch bevor dem Poppelsdorfer Schloss eine solch große und ausgelassene Feier gewidmet wurde, musste es nicht nur lange warten, sondern auch darum bangen, überhaupt beachtet zu werden und nicht vollends zu verschwinden.

Bis ins 12. Jahrhundert stand auf dem Grund des Poppelsdorfer Schlosses eine Wasserburg. Poppelsdorf lag zu dieser Zeit vor den Toren der Stadt. Als im 14. Jahrhundert die Grenzsicherung Bonns wichtiger wurde, kaufte Erzbischof Walram von Jülich den Gutshof, baute ihn als Wehranlage aus und brachte darin ein Gefängnis für Wegelagerer und Diebe unter. Im 16. Jahrhundert wurde die Burg im Tuschsessischen Krieg erstürmt und geplündert. Danach war sie eine Ruine und verfiel. Immerhin bekam die Ruine im 17. Jahrhundert einen neuen Glanz, wenn sie auch nicht vor dem Verfall bewahrt wurde. Erzbischof Ferdinand von Bayern und Erzbischof Maximilian von Bayern legten auf ihrem Areal eine prächtige Parkanlage an.

1838 Alte Sternwarte Bonn.

Im Stile der Renaissance schmückten Skulpturen, Wasserspiele und Scherzfontänen in den Bänken den Park. Die Burg wurde indes ab 1657 nach und nach abgetragen. Der Park wiederum überlebte den Reunionskrieg nicht. Französische Truppen legten Poppelsdorf in Brand und zerstörten die letzte Pracht der Wasserburg.

Wieder musste das Poppelsdorfer Schloss von vorne anfangen. Kurfürst Joseph Clemens machte 1715 erste Pläne für den Bau des Schlosses. Dazu gehörte die Idee, die Poppelsdorfer Allee, die die Bonner heute als Park, Grünfläche, Spazierweg und Naherholungsgebiet kennen, zu einem Kanal im Stile Venedigs zu machen. Joseph Clemens schwebte vor, dass man zwischen Poppelsdorfer und Kurfürstlichen Schloss auf Gondeln verkehren könnte. Da wir heute aber bekanntermaßen trockenen Fußes auf der Sichtachse wandeln, ist klar, dass der Plan nicht umgesetzt wurde. Der Kurfürst verschuldete sich enorm für das Schloss, was zur Folge hatte, dass der Bau nach seinem Tod 1723 ins Stocken geriet. Wieder musste man um das Schloss bangen, denn Joseph Clemens' Nachfolger und Neffe, Kurfürst Clemens August, hatte wenig Interesse daran, es weiterzubauen. Seine Aufmerksamkeit galt allein dem Bau seiner Schlösser in Brühl. Das unfertige Poppelsdorfer Schloss musste sogar Steine abgeben, die in den Brühler Schlössern verbaut wurden. Der Rohbau verkam, viele seiner Teile wurden abgerissen.

Unerwartet gab es dann aber einen Hoffnungsschimmer für das bröckelnde Schloss: In den 1730ern änderte Clemens August seine Meinung und verfügte die Fortsetzung des Baus, der schließlich 1744 vollendet und gefeiert wurde. Der prachtliebende Kurfürst begann

Die Poppelsdorfer Allee lädt zu einem langen Spazierweg unter Bäumen ein. Es gibt sogar einen öffentlichen Bücherschrank.

sogar damit, eine Allee vom Poppelsdorfer zum Brühler Schloss anlegen zu lassen. Davon wurde allerdings nur ein winziger Teil fertig – Bonns heutige Nußallee. Hier gab es zu Zeiten des Kurfürsten einen Kräutergarten, eine Viehweide oder eine Fasanerie. Und bald kamen dann doch die Gondeln nach Bonn. Der Kurfürst ließ sich welche aus Venedig bringen und schipperte mit seinen Günstlingen auf dem Weiher, der das Schloss umgibt, herum. Als Clemens August 1761 starb, hatte die Verschwendungssucht ein Ende. Sein Nachfolger Maximilian Friedrich von Königsegg-Ruthenfels führte Sparmaßnahmen ein, um die stark strapazierte Kasse zu sanieren. Das Poppelsdorfer Schloss diente nur noch der Unterbringung von Gästen und war erneut dem Verfall preisgegeben.

Erst als die Preußen Anfang des 19. Jahrhunderts die Bonner Universität gründeten, erlebte das Schloss, das inzwischen ein Wahrzeichen der Stadt ist, eine Wiedergeburt. Es sollte für die Wissenschaft nutzbar gemacht werden. Das Schloss, das die Bonner heute sehen, wenn sie auf der Poppelsdorfer Allee spazieren gehen, ist nicht mehr das, was es einst war. Im Zweiten Weltkrieg wurde es erneut stark beschädigt. Es wurde mit Blick auf seine Funktionen als Wirkungsstätte der Universität in vereinfachter Form wieder hergestellt. Es beherbergt keinen Prunk mehr, sondern drei naturwissenschaftliche Institute sowie eine mineralogische Sammlung.

Die Naturwissenschaft hat auch in der Mitte der Poppelsdorfer Allee ein wichtiges Denkmal, das aber die wenigsten Spaziergänger sehen, wenn sie zwischen den Bäumen oder auf der Wiese wandeln. Hinter dem Studentensekretariat versteckt sich die alte Sternwarte, in der Wilhelm August Argelander einst den Sternenhimmel vermessen hat. Der Astronom wurde 1836 an die Universität Bonn berufen. Die Preußen wollten eine Sternwarte bauen. Argelanders Wirkungsstätte sollte eine außergewöhnliche werden: mehrere Beobachtungstürme, modernste Fernrohre und Messgeräte und drehbare Aufsätze auf den Türmen. Als 1844 der Bau abgeschlossen war, begann Argelander von Bonn aus den Sternenhimmel zu erforschen und legte dabei die Position und das Alter von mehr als 300.000 Sternen fest. Die Bonner Universität wurde durch seine wissenschaftlichen Erfolge weltbekannt. Während das Poppelsdorfer Schloss im Laufe der Geschichte immer wieder starb und auferstand, heute aber wissenschaftliche Wirkungsstätte ist, hatte die Sternwarte eine schnelle und ruhmreiche Glanzzeit, hat inzwischen aber ausgedient. Bangen um ihren Bestand muss sie nicht, denn sie steht unter Denkmalschutz und gehört zum astronomischen Weltkulturerbe.

Clemens-August-Straße

Auf der Clemens-August-Straße übernimmt die Nase die Führung. Hier erreicht sie der Duft von frittierten Pommes, dort von gebratenen Burgern, frisch gebackene Pizza verströmt ihren Geruch und ein paar Schritte weiter locken die Gewürze tibetischer Küche. Kaffee und Kuchen erregen die Aufmerksamkeit des Geruchssinns und Cocktails und Eis die Lust auf Abkühlung. Wer eine Vorliebe für Streetfood-Festivals hat, muss in Bonn gar nicht warten, bis eines veranstaltet wird. Im Herzen von Poppelsdorf findet man es jeden Tag und fand es schon lange, bevor der Trend aufkam. Seine Entstehung hat das heutige kulinarische Zentrum Poppelsdorfs dem Namensgeber der Straße zu verdanken.

Als Kurfürst Clemens August den Bau des Poppelsdorfer Schlosses zu einem Ende gebracht hatte, brauchte er für den Hof viele Hände, die ihn am Laufen hielten. Für die Bediensteten ließ Clemens August die ersten Reihenhäuser der Stadt bauen, von denen eines erhalten ist, nämlich das Wasserträgerhaus. Mit der Hausnummer 13 hält es seine historische Stellung im modernen Alltagstreiben Clemens-August-Straße. 1750 wurde es erbaut und vom Wasserträger des kurfürstlichen Hofes genutzt. Täglich transportierte er frisches Trinkwasser von der Mühle, die sich ungefähr auf der Höhe des Clemens-August-Platzes befand, zum Poppelsdorfer Schloss. Während alle anderen Reihenhäuser mit der Zeit verschwanden, wurde das Wasserträgerhaus 1983 renoviert. Doch diese Maßnahme war nicht selbstverständlich: Jahrzehntelang stand das Haus leer und gammelte vor sich hin, sodass es beinahe abgerissen worden wäre.

Heute ist das rosafarbene Häuschen eingekesselt von Gastronomie und Außenterrassen, deren Tische und Stühle nahtlos ineinander übergehen. Bei gutem Wetter ist es trotz der Fülle schwer, einen freien Platz zu finden. Seit 2000 ist das Restaurant Havanna vor Ort. Betrieben wird es seit 2014 von Salah Cheko. Er nimmt seine Umgebung als lebhaft wahr: „Die Menschen kommen nicht nur aus der Nachbarschaft und der Uni, sondern auch aus den umliegenden Stadtteilen, aus den Unikliniken und von außerhalb“, sagt er. Gerade letztere wählen gerne die Clemens-August-Straße als Alternative zur Innenstadt, um sich nicht in das Verkehrs- und Parkplatzchaos des Zentrums begeben zu müssen, erzählt Cheko. Für ihn ist diese Straße in Bonn einmalig. „Auf rund 300 Metern haben wir rund 25 Essensmöglichkeiten, die vielfältig sind – jeder wird hier angesprochen.“

Soennecken-Produkt

Im 19. Jahrhundert hätten die Menschen sicherlich nicht ganz so gemütlich gegessen. Sie wären auf der Clemens-August-Straße in den Dunst der Industrieunternehmen eingehüllt gewesen. Entlang der Straße wurde rheinisches Steingut hergestellt. Und wieder ist es Kurfürst Clemens August, der diesen für Bonn einst sehr wichtigen Industriezweig anstieß. Wie viele europäische Adelige wurde auch der prunkliebende Kurfürst von der „Porzellan-Krankheit" angesteckt. Zu seiner Zeit war es ein heiß begehrtes Gut, das hauptsächlich in Meißen hergestellt wurde. Clemens August wollte Bonner Porzellan, was sich wiederum ein Hochstapler zunutze machte. Johann Jacob Kaising spielte sich als Fachmann auf, bekam vom Kurfürsten Geld und die Wasserburg südlich des Ortszentrums von Poppelsdorf zur Verfügung gestellt und sollte eine Porzellan-Manufaktur aufbauen. Aus der gegründeten Poppelsdorfer Fayence Fabrique wollte und wollte aber kein akzeptables Porzellan hervorgehen. Also beauftragte Kaising einen Spitzel, der mithilfe von Industriespionage das Rezept für Porzellan finden sollte. Dieser wurde jedoch erwischt und eingesperrt. Kaising verlor seine Stellung.

1823 übernahm Ludwig Wessel die Manufaktur und machte sie als Porzellan- und Steingutfabrik Wessel zu den wichtigsten Triebkräften der Bonner Industrialisierung. Er gehörte zu den größten Arbeitsgebern in der Stadt und ihrer Umgebung, installierte 1830 die erste Dampfmaschine und richtete eine Bahnverbindung von der Firma zum Bonner Güterbahnhof ein, die man die Wesselbahn nannte. Wessel hatte Niederlassungen in Übersee und nahm zur Jahrhundertwende an der Weltausstellung teil. Die Werke befanden sich an der Clemens-August-Straße zwischen dem Carl-Troll-Weg und dem Katzenburgweg.

Nachdem die Werke 1920 unter der Weltwirtschaftskrise gelitten hatten, wurden sie 1926 durch einen Brand zerstört. 1969 wurden sie endgültig geschlossen. Das Land NRW erwarb das Gelände und riss die Werke 1977 für den Bau von Universitätsgebäuden ab.

Das kurfürstliche Wasserträgerhaus, Clemens-August-Straße 13.

Zwar nicht an der Clemens-August-Straße gelegen, aber wichtig für die Entwicklung der Straße waren die Werke des Büromittelherstellers Friedrich Soennecken. Mit seinem 1875 gegründeten F. Soennecken Verlag kam er ein Jahr später nach Bonn. Erst vertrieb er Schreibfedern, dann stellte er sie selbst her. Stetig vergrößerte er seine Produktionsräume, da er weitere praktische Artikel für das Büro entwickelte und herstellte: Hefte, Tintenfässer, Federhalter, Zirkel, Federkästen und ab 1885 den Briefordner – einen Vorläufer des heutigen Stehsammlers. Sogar einen Locher hat Soennecken erfunden. Zuletzt bestand seine Firma aus einem dreistöckigen Produktions- und fünfstöckigen Bürokomplex zwischen Kirschallee und Jagdweg.

Viele Arbeiter bringen auch viel Leben in einen Stadtteil, so wie der Soennecken Verlag und die Wessel-Werke. Die Clemens-August-Straße entwickelte sich um die Jahrhundertwende zu einer eng bebauten Geschäftsstraße mit zahllosen Geschäften und Kneipen. 16 Säle und 22 Gastwirtschaften fand man hier. Und in dieser Tradition lebt sie fort.

Kreuzberg

Die Aussicht liegt vor uns wie eine Farbpalette: Im Vordergrund erscheinen Wald und Wiesen um den Kreuzberg in allen Grüntönen, die die Natur zu bieten hat. Über den Baumwipfeln tauchen die Häuser Endenichs und der Weststadt auf, sie ergeben das Farbspiel einer Stadt aus grauem Asphalt, dunklen und roten Dächern, braunen und weißen Fassaden. Je weiter sich die Bauten der Gesellschaft in die Ferne ziehen, desto grauer erscheinen sie, bis sie schließlich bläulich werden und mit dem Horizont verschmelzen. Auf der Linie zwischen Himmel und Erde steht der Kölner Dom, der vom Kreuzberg aus gesehen zu einem Spielzeughäuschen geschrumpft ist. Schornsteine aus der Müllverbrennungsanlage in der Bonner Weststadt und der Industrie zwischen der Bundesstadt und Köln strecken sich dem Himmel entgegen. Ihr Rauch verbindet sich mit den Wolken, sie setzen dem Treiben der Zivilisation weiße Häubchen auf das graue Haupt.

Solange die Bonner unten in der Stadt sind, sind sie Teil des Ganzen und sehen sie vor lauter Häusern kaum. Oben auf dem Kreuzberg sind sie raus aus Trubel und Gehetze. Hier wirkt die Stadt bewegungslos, beinahe wie ein Ölgemälde, das wir als Außenstehende betrachten dürfen. Die Rast, die wir vor dieser malerischen Aussicht einlegen, belohnt uns für die Anstrengung des Aufstiegs. Der Ausflug gleicht einer inneren Reinigung. Die Flucht aus dem Alltag, die Flucht aus der Stadt und ein anderer Blick auf sie befreit den Betrachter von allem, was ihn da unten umtreibt. Das Aufatmen nach dem anstrengenden Gang ist gleichzeitig eine Auszeit vom Alltag.

Ansicht vom Kreuzberg aus, 1792.

Das Aufatmen findet auf der 158 Meter hohen Erhebung im Ortsteil Endenich statt, die eine nordöstliche Anhöhe des unteren Mittelrheingebiets ist. Mehrere Wanderstrecken führen auf den Kreuzberg, die gleichzeitig Verbindungswege zu allen benachbarten Stadtteilen Poppelsdorf, Ippendorf, Endenich und Lengsdorf sind. Der Kreuzberg verdankt seinen Namen einer Wallfahrtsstätte, an der das heilige Kreuz bereits im 15. Jahrhundert verehrt wurde. Beim Fest des Heiligen Antonius von Padua im Jahre 1429 sollen sich laut einer Urkunde rund 50.000 Personen am Kreuzberg zu Bonn zur Kreuzverehrung versammelt haben. Auf dem Gipfel des Berges steht die Kreuzbergkirche, die im Jahr 1627 gebaut wurde. Ein direkter Verbindungsweg führt zum Gewölbebau der Heiligen Stiege, die 1746 von Kurfürst Clemens August in Auftrag gegeben wurde. Das Vorbild für das barocke Bauwerk war die „Scala Sancte" in Rom, über die Jesus Christus zu seinem Richter Pontius Pilatus in Jerusalem hinaufgeschritten sein soll.

An die Kreuzbergkirche schließt sich das von den Marienbrüdern geführte Bildungszentrum an, in dem seit 1970 gesellschaftspolitische Seminare und Deutsch-Intensivkurse durchgeführt werden, außerdem die Schönstatt-Kapelle. Ein weiterer Ort der Andacht mit religiösen Symbolen findet sich hinter der Kreuzbergkirche, wo ein Kreuzweg entlangführt. Der 200 Meter lange Pfad zeigt an 14 Stationen den Leidensweg Christi.

Die Kreuzbergkirche und die Heilige Stiege sind wohl den meisten Bonnern bekannt. Aber die wenigsten wissen, dass sich unter der Kreuzbergkirche eine Gruft befindet, in der die Mumien verstorbener Mönche aufgebahrt sind. Im 19. Jahrhundert war die Rheinromantik auch unter Engländern bekannt und beliebt und sie bereisten Bonn. Laut einer Legende soll ein Engländer bei der Besichtigung der Gruft zum Andenken einen Fingerknochen eines Mönchs abgebrochen und mitgenommen haben. Aber dieser Knochen soll ihm nur Unglück gebracht haben und so sendete er das Mumienstück per Post aus England wieder nach Bonn auf den Kreuzberg zurück. Die Gruft und die darin aufgebahrten Mönche gibt es tatsächlich, allerdings ist die Grablege nicht mehr öffentlich zugänglich.

Einer Legende, die vom Unglück erzählt, soll eine entgegengestellt werden, die vom Glück eines einfachen Bauern handelt und ebenfalls ihren Anfang auf dem Kreuzberg findet. Demnach soll ein Bauer aus Dransdorf den Pilgerweg zum Kreuzberg gegangen sein, um die Stadtpatrone Cassius und Florentius in seiner Not um Hilfe zu bitten. Auf seiner Heimreise legte sich der Bauer auf die Mauer des Römerturms am Sterntor. Ein Klopfen an seiner Schulter weckte ihn. Ein Mann im römischen Soldatenhelm und Kriegerhemd sowie zwei Gefährten winkten dem Bauer zu und führten ihn durch das Sterntor. Der Bauer vertraute den Gestalten, weil er in ihnen die Helden zu erkennen glaubte, die in der Marterkapelle auf dem Kreuzberg abgebildet waren. Er folgte ihnen und fand in einem Raum des Sterntores einen Haufen Gold auf einem Tisch liegen. Die Helden füllten dem Armen die Taschen und riefen „Vivat“.

Heilige Stiege auf dem Kreuzberg in Bonn-Endenich, Innenansicht.

Erneut erwachte der Bauer wie aus einem Traum, fand aber seine Taschen nach wie vor voll mit Gold. In einem Wirtshause am Sterntor berichtete er, was er zuvor erlebt hatte. Die Geschichte sprach sich in Windeseile herum. Und so erhielt die Gasse, die vom Friedens- zum Münsterplatz führt, den Namen, unter dem wir sie noch heute kennen: Vivatsgasse.

Freilich findet nicht jeder, der auf den Kreuzberg kommt, einen Haufen Gold, dafür aber ein anderes kostbares Gut: Ruhe. Ein Aufstieg auf den Bonner Kreuzberg gleicht so manchem Abschnitt im Weg des Lebens. Am Fuße des Berges liegt die Motivation. Im ersten Drittel kündigt sich die Erschöpfung an. Auf der Hälfte werden wir uns ihrer bewusst. Jetzt erst muss sich die Motivation beweisen. Mit jedem Schritt streiten sich zwei Möglichkeiten: durchhalten oder aufgeben? Der Weg zur Belohnung wird beschwerlich, jeder weitere Schritt zu einer Entscheidung. Doch jedes „Vorwärts“ stärkt den Willen und ehe wir's uns versehen, wartet vor dem letzten Schritt kein weiteres „Vorwärts“ mehr, sondern eine atemberaubende Aussicht und die ersehnte Erholung.

Frongasse/Endenich

Im Früchteparadies in der Frongasse.

Kubanische Tanzmusik bringt warme Rhythmen, die Tanzfreude aufkommen lassen. Die Musik kommt aus einer bunt bemalten Ladenfront, vor der Blumen und Obst stehen. Wir befinden uns auf der Frongasse in Endenich vor dem Früchtehaus von Max Walbroel, inmitten der Kulturmeile gelegen, nur wenige Schritte von Gastronomie, Cafés und weiterem Einzelhandel entfernt. Waldbroel und sein Laden gehören zu den Besonderheiten, die den Stadtteil zwischen Weststadt und Lengsdorf einzigartig machen.

Im Früchteparadies scheint die Sonne immer und das liegt nicht zuletzt am Inhaber selbst. Seit mehr als 57 Jahren betreibt er sein Geschäft. Schon Walbroels Großvater hatte einen Obst- und Gemüsehandel in der Bonner Altstadt, sein Vater eröffnete 1960 das Geschäft in Endenich. Als dieser erkrankte, holte er Sohn Max mit den Worten „Der Junge kann helfen" in den Laden. „Und ich bereue keine Minute", betont der heutige Betreiber. „Ich bin so gerne mit Menschen zusammen. Ich kann die ganze Zeit quasseln und sehe den Laden als ein Lebensprinzip, in dem ich mich verwirklichen kann." Seiner Selbstbeschreibung verleiht Max Walbroel mit einem breiten Lächeln Ausdruck und schwelgt in Erinnerungen: „Als ich in der Altstadt aufgewachsen bin, ging man nicht nach Endenich", sagt er geradeheraus und lacht. „Es war ein Altbauerndorf, das weit außerhalb lag."

Vor ein paar Jahrzehnten gab es noch viele landwirtschaftliche Betriebe in Endenich. Obst, Gemüse und Eier konnte man direkt vom Erzeuger kaufen. Bis in den Zweiten Krieg hinein muss es in Endenich etwa 32 Landwirte gegeben haben, die nicht nur für frische Lebensmittel, sondern auch für strengen Geruch sorgten. Es gab Schweinemastbetriebe in Endenich, die den einen oder anderen beim Spaziergang durch den Stadtteil die Nase haben zuhalten lassen. 1904 wurde Endenich eingemeindet und zu einem Stadtteil von Bonn.

Der Ruf vom Altbauerndorf ist ebenso wie der Geruch nach Schweinemast längst verflogen. Wer in Bonn zentrumsnah wohnen möchte, sieht sich auch in Endenich um. Und wer nicht hier wohnt, sucht den Stadtteil dennoch des Öfteren auf. „Endenich ist wunderbar gelegen. Mit dem Messdorfer Feld und dem Kreuzberg ist Natur in der Nähe und ganz entscheidend ist auch die Kulturmeile", erklärt Walbroel. Um das Früchtehaus herum versammeln sich Schauspiel, Film, Kabarett und Musik auf wenigen Metern.

Bleiben wir bei der Musik und betreten den Konzerttempel der Frongasse: Am 23. September 1994 haben Wolfgang Koll (Kolli), Bert Jackwerth und Josef (Juppi) Schnorbus die Endenicher Harmonie eröffnet und ihre persönliche Leidenschaft für Livemusik zu einer Bonner Institution ausgebaut. Zuvor betrieben

Ehemaliger Fronhof, Frongasse 9, Bonn-Endenich, heute Irish Pub.

Kolli und Bert das Zebulon in der Bonner Innenstadt und etablierten hier einen Biertempel und ein Wohnzimmer für Studenten der Universität Bonn. „Die Harmonie hat sich unerwartet schnell zum führenden Musik-Liveclub der Region entwickelt", resümiert Kolli heute. „Das liegt unter anderem daran, dass wir schon in der Anfangszeit etablierte Künstler wie Taj Mahal, Pili Pili oder Fred Wesley verpflichtet haben. Außerdem haben wir uns nie auf ein Genre spezialisiert, sondern boten von Anfang an Rock, Blues, Jazz, Folklore, Kabarett und sogar Klassik." Allein von 1994 bis 2021 haben in der Harmonie über 3000 Konzerte stattgefunden. Seit Mai 2021 hat Jan Schäfer die Führung der Harmonie übernommen. Kolli arbeitet aber weiterhin eng mit ihm zusammen und ist nach wie vor für die Programmgestaltung zuständig. Er erinnert sich: „Was man in all der Zeit allein mit den Künstlern erlebt hat, kann ich nicht in Worte fassen. Bands, für die man als Jugendlicher nach Köln oder Düsseldorf fuhr, spielten plötzlich im eigenen Laden."

Die Harmonie liegt an einem Ende der Frongasse, in der Nähe ihrer Mündung in die Magdalenenstraße, das Haus der Springmaus am anderen Ende, nämlich in der Nähe der Endenicher Straße. Hier geht es nun nicht um Musik, sondern um Kleinkunst und Humor. 1938 gründete der kanadische Schauspieler und Kabarettist Bill Mockridge die Improvisationstheater-Gruppe Springmaus. „Die Idee war, die Zuschauer mit frechen Sketches zu zeitgemäßen Themen ins Theater zu locken und sie anschließend, nachdem das Eis gebrochen war, mit Improvisationen zu überraschen", beschreibt Mockridge selbst die Anfänge der Springmaus auf der Internetseite des Theaters. Die Idee traf einen Nerv und lockte bereits bei den ersten Auftritten in Bonn jede Menge Publikum an.

Das Theater bekam eine Spielstätte: 1984 eröffnete das Haus der Springmaus in einem Kellerraum an der Oxfordstraße. Als dieser für den Andrang zu klein geworden war, bezog die Truppe 1993 das Haus an der Frongasse, das zuvor ein Tanzsaal war. Die Springmaus war das Sprungbrett für viele heute sehr bekannte Künstler wie etwa Richard Rogler, Harald Schmidt, Konrad Beikircher oder auch Dirk Bach. „Seit dem 20. März 1983 haben insgesamt 60 verschiedene Springmäuse 50 verschiedene Programme gespielt und die Springmaus ist 40 Jahre älter geworden. Doch während die Begeisterung für Eisbärenbabys mit dem Älterwerden abnimmt, erfreut sich die Springmaus nach wie vor eines ungebrochenen Interesses", beschreibt Bill Mockridge die heutige Bedeutung des Theaters. Das befindet sich in guter Nachbarschaft.

Auf der gegenüberliegenden Seite liegt das Theater im Ballsaal, das seit 1993 eine Spielstätte für „innovatives Theater" ist. Daneben bietet das Traditions-Irish-Pub Fiddlers einen gemütlichen Ort zum Verweilen und wiederum daneben liegt das Rex-Kino, das als Programmkino den Stadtteil seit den 50er-Jahren mit der Kunst des Lichtspiels versorgt. Die Frongasse in Endenich ist zwar nur wenige Meter lang und innerhalb von fünf Minuten abgelaufen, doch ist das, was sie bietet, so reich und vielfältig, dass man keine fünf Minuten, sondern einen ganzen Tag in ihr verweilen kann, ohne dass Langeweile aufkommt.

Breite Straße

Wer vom Zentrum Bonns kommend an der Ampel der Oxfordstraße darauf wartet, die vielbefahrene Kreuzung zu überqueren, der sieht schon von Weitem den Schriftzug: „Altstadt“ in blauen Buchstaben über dem Eingang zur Breite Straße geschrieben. Heute ist der Schriftzug der Name des Viertels, das man, unter ihm hergehend, betritt. Doch das war nicht immer so. Die Bezeichnung „Altstadt“ ist eine Erfindung Bonner Wirte. Mitte der 70er-Jahre verfolgten sie das Ziel, die Bonner Nordstadt zu einem Szenekneipen-Viertel ganz im Stile der Düsseldorfer Altstadt zu etablieren. Mit Logos, Flyern und Aktionstagen führten sie den neuen Namen für die Nordstadt ein.

Die Imagekampagne funktionierte. Seither zieht die Altstadt mehr und mehr junges Volk an, das vor allem das breite Angebot an Kneipen genießt. Das war nicht immer so. Ursprünglich war die Altstadt ein Handwerkerviertel. Anfang des 19. Jahrhunderts wuchs die Bonner Bevölkerung stark an. Die wohlhabenden Zuziehenden, die sich vor allem im Bonner Süden ansiedelten, hatten einen starken Bedarf an Handwerkern, die sich wiederum in der inneren Nordstadt ansiedelten. Die Handwerksbetriebe befanden sich meist in den Hinterhäusern, in der zur Straße liegenden Häuserreihe drängte sich der Einzelhandel und das Gastgewerbe. Im Gegensatz zu den aufwendigen Häusern, die in der Südstadt entstanden, gab es an den Häusern in der Nordstadt weder Balkone noch Vorgärten, dafür aber Zufahrten in die Werkstätten.

Bis in die 70er-Jahre hinein zog sich das beschriebene Bild der Breiten Straße bis zur Straße Sterntorbrücke. Die vielbefahrene Kreuzung der Oxfordstraße, an der man gleich mehrere Ampeln überqueren muss, um von einem ins andere Zentrum zu gelangen, gab es nicht. Ab der Kölnstraße verengte sich die heutige Oxfordstraße, die die Außengrenze der Altstadt bildet, zur kleinen Maargasse, die bis zur Breite Straße führte. Für den Bau der mehrspurigen Oxfordstraße, die heute die Breite Straße von der Sterntorbrücke trennt, wurden viele Nordstadt-Häuser dem Erdboden gleichgemacht, die Maargasse schwand. „Die Kreuzung ist seit Jahren eine Hürde. Nur wer gezielt in die Altstadt möchte, überquert sie“, sagt Harald Löschke. Seit 1990 führt er in der Breiten Straße seine „Altstadt-Buchhandlung“.

Die Kirschblüte in der Breiten Straße.

Ecke Meckenheimer Straße (heute Berliner Platz)/Breite Straße, 1909.

Die Altstadt sei auf der einen Seite ein Viertel für Studenten, die von den Kneipen angezogen werden, so Löschke. Allein in der Breiten Straße befinden sich mit den Lokalen „Steinbeck", „Pinte", „Unfassbar", „Babel" und dem Restaurant „San Telmo" zahlreiche Ausgehmöglichkeiten für den Abend. „Bei Fußballspielen ist auf der Straße Halligalli", sagt Löschke. Auf der anderen Seite habe der inhabergeführte Einzelhandel in der Breiten Straße einen guten Standort. „Viele Geschäfte sind schon sehr lange hier. Etwa der Bioladen, der Lampenkönig oder das Antiquariat Walter Markov", erzählt Löschke weiter über sein Viertel, in dem er sich mit seinem Buchladen etabliert hat. Auch wenn es der Buchhandel in heutigen Zeiten schwer hat, kann sich Löschke dank Stammkunden aus dem Viertel gut halten.

An dieser Stabilität haben die Geschäftsleute selbst gearbeitet. Anfang der 2000er haben sie sich zu einem Bündnis zusammengeschlossen, um die Altstadt attraktiv zu gestalten. Ihrer Initiative ist unter anderem der Schriftzug über der Breiten Straße zu verdanken. Die Straße selbst ist vor allem zur Kirschblütenzeit ein Magnet für Touristen und Bonner. Die Bäume wurden Mitte der Achtzigerjahre im Zuge der Sanierung der Nordstadt-Straßen gepflanzt. Meistens fällt der Höhepunkt der rosa Blütezeit in der Breiten Straße und Heerstraße auf Mitte April und dauert maximal zehn bis vierzehn Tage.

Das Frühlingsspektakel nutzte das Altstadt-Bündnis bald für ein Quartiersfest und organisierte einen Flohmarkt. Jahr für Jahr wuchs der Andrang des nationalen und internationalen Publikums, nicht zuletzt durch die sozialen Medien, die den Bekanntheitsgrad dieser Attraktion steigerten. Heerstraße und Breite Straße werden in der Online-Welt als schönste Straßen der Welt gelobt. Blogger erwähnen sie in ihren Bestenlisten als Orte, die jeder besucht haben muss. Das zieht Publikum an, das man in der Breiten Straße auf den Terrassen der Gastronomie – sofern man einen Platz findet – beim Posieren, Stylen, Posten und Lächeln beobachten kann.

Auch wenn der Altstadt-Initiative der Andrang inzwischen über den Kopf gewachsen ist und sie die Organisation des Flohmarktes abgegeben hat, auch wenn ihr Viertel in der Blütezeit der Bäume vollkommen überlaufen ist, so ist die Kirschblüte ein Segen für die Gastronomie und den Einzelhandel, betont Harald Löschke. Sie mache die Breite Straße und ihre Abzweigungen und Parallelstraßen einzigartig. Einerseits haben sie Anziehungskraft auf die ganze Welt und andererseits pflegen die Bewohner und Einzelhändler noch Nachbarschaft, Zusammenhalt und persönlichen Umgang.

Maxstraße

Grau und groß macht sich das Stadthaus entlang der ersten Hälfte der Maxstraße breit. Als ein „Monstrum", ein „Koloss" oder eine „Gruselsilhouette" wurde es von den Bonnern bezeichnet, als es gerade erst fertiggestellt worden war. Von diesem Image hat es sich nie befreien können. Auch heute kann kaum ein Auge etwas Schönes an dem Verwaltungssitz der Stadt finden. Zwischen November 1973 und September 1977 entstand der Koloss im südlichen Teil der Bonner Nordstadt und zerstampfte den Altbaucharme des Viertels zu einem erheblichen Teil.

Die Bomben des Zweiten Weltkrieges hatten die Altstadt zwar weitestgehend verschont, dennoch verließen viele Bewohner das Viertel, da die Häuser in einem beklagenswerten Zustand und meist ohne Heizung waren. Gleichzeitig wuchs die neue Bundesregierung mit der Stadt Bonn als provisorische Bundeshauptstadt allmählich aus ihren Kinderschuhen heraus. 1969 wurde durch das Bonn-Gesetz die kommunale Neugliederung beschlossen und Beuel und Bad Godesberg Bonn eingemeindet. Die Verwaltungsstellen sollten nicht mehr im gesamten Stadtgebiet verteilt, sondern an einem Ort gebündelt sein. Dafür reichten die Räume des alten Stadthauses am Bottlerplatz nicht mehr aus, zumal die in den 60er-Jahren zunehmend etablierte Bundeshauptstadt sich einen repräsentativeren Verwaltungssitz wünschte.

Das Bonner Stadthaus hat an der Maxstraße einige Altbauten verdrängt.

Nachdem sich die Stadt in einem bundesweiten Architekturwettbewerb für die Pläne des Stuttgarter Architekten Erwin Heine entschieden hatte, wurde gebaut. Dafür musste zunächst die gründerzeitliche Bebauung an der Maxstraße weichen. Ganze Häuserzeilen fielen unter dem Prestigeprojekt der Stadt in sich zusammen, darunter gesellschaftliche Anlaufpunkte wie etwa ein beliebter Musikkeller für Bonns Jazz-Liebhaber. 1951 hatte der Kölner Gastronom Hans Herbert Blatzheim im Keller des ehemaligen Lichtspieltheaters Scala das „Tabu" eröffnet. Die Kneipe galt unter den Bonnern als „Existentialisten-Keller", weil überwiegend Studenten ein und aus gingen.

72 Meter hoch wuchs das Stadthaus auf den Trümmern der Kultur nach über 10 Jahren Planungs- und Bauzeit. 157 Millionen Deutsche Mark kostete der Bau, das größte und teuerste Verwaltungsgebäude seiner Zeit. Den Bonnern half dieser Rekord nicht über ihren Unmut hinweg, das Stadthaus anstelle ihrer Nordstadt zu haben. Anfänglich bezog die Planung den Abriss der gesamten, heute unter Denkmalschutz stehenden, Nordstadt mit ein. Sie sollte im Stil des Stadthauses wieder aufgebaut werden, was aber glücklicherweise verhindert wurde.

In die heruntergekommenen Wohnungen der übrig gebliebenen Altstadthäuser zogen Studenten und Migranten. Nach dem Bau des Stadthauses bestätigte eine Studie, dass die Nordstadt ein erhaltenswertes Wohn- und Mischgebiet sei, deren Probleme jedoch in der Verkehrsbelastung, der Lärmbelästigung

Martin Linder (links) und Rainer Born sind alteingesessene Wirte der Maxstraße.

durch Betriebe und der engen Bebauung ohne Grün liegen. Ab 1977 begannen städtische Verbesserungen: Der Verkehr wurde beruhigt, die Innenhöfe begrünt, die Betriebe verlagert. Ab 1984 bekamen die Wohnungen im Rahmen einer Wohnumfeldverbesserung Heizungen, neue Fenster und Bäder. Seit 1990 steht das Viertel unter Denkmalschutz und ist zu einem beliebten Szeneviertel geworden. Wirte etablierten eine starke Kneipenkultur und inhabergeführte Geschäfte siedeln sich gerne an.

Die Maxstraße ist neben der Breiten Straße das Eingangsportal vom Zentrum in das Szeneviertel Altstadt. Während zur Linken das Stadthaus für eine rücksichtlose Moderne steht, findet man auf der gegenüberliegenden Straßenseite dicht an dicht Kneipen, Kioske und Fachgeschäfte. Ab der Kreuzung Weiherstraße liegt der graue Koloss im Rücken und das Auge blickt auf urige Altstadtbauten. Im Gegensatz zur Südstadt sind Stuck und Fassaden nicht immer ganz in Schuss. Hier und da blättert die Farbe ab oder ist verblasst, an den Geschäftszeilen blinken die Werbetafeln.

Zwar steht die Maxstraße mit dem Stadthaus für Verlust, gleichzeitig aber mit zwei Institutionen für den Erhalt von Traditionen. Die Wirte der „Zone“ am Anfang der Maxstraße und der „Musiktruhe“ in der Mitte der Straße stehen zusammengerechnet seit mehr als 60 Jahren am Zapfhahn. Wenn das keine Tradition ist! Zone und Musiktruhe sind inzwischen die ältesten Altstadtkneipen in „erster Hand“. Die Wirte sind vom alten Schlag. Der eine mit längeren Haaren und Bart, der andere rasiert und kahl, aber beide strahlen die gleiche Ruhe, Gelassenheit und eine gewisse Hartgesottenheit aus. Ihr Beruf ist nicht bloß ein abzuhandelnder Achtstundentag, sondern Lebensinhalt. Ihre Arbeitsstätte ist kein Büro, sondern ihr zweites Wohnzimmer: Martin Linder steht seit 1994 hinter dem Tresen seiner Zone und Rainer Born führt seit 1988 die Musiktruhe.

Beide Kneipen waren volle und verrauchte Musiktempel und Wohnzimmer für Wirte und Gäste, die in den 90er-Jahren Kneipen als sozialen Dreh- und Angelpunkt, als Kuppelbörse und als Tagesausklang für hitzige Diskussionen bei klirrenden Gläsern, für alte und neue Freundschaften oder Liebschaften nutzten. Auch wenn sie selbst nie altern, wie Martin Linder betont, so vergeht die Zeit und sie bringt Veränderungen mit sich. Verflogen ist der Zeitgeist der 90er-Jahre mit seiner Kneipenkultur. Die Unterhaltung vor den Bildschirmen fessele die Menschen mehr an das heimische Sofa und halte sie damit von den Kneipen – den öffentlichen Wohnzimmern – fern, so Martin und Rainer. Und da soziale Medien menschliche Beziehungen wie Bekannt- und Freundschaft zu einem großen Teil ins Digitale verlegt haben, büßt die Kneipe ihre Funktion als Kontaktbörse ein.

Nichtsdestotrotz halten die wackeren Wirte hinter ihren Tresen in der Maxstraße die guten alten Zeiten hoch. Denn Wirt wird nicht jeder, dafür muss man gemacht sein. Martin und Rainer sind es. Sie zapfen den Gästen das gewissen gelassene Etwas mit ins Glas und denken nicht einmal daran, aufzuhören.

Heerstraße

Während die Bonner Heerstraße für ihre rosa Pracht zur Kirschblüte international berühmt ist, ist eine andere Besonderheit der Straße nicht einmal innerhalb der Stadtgrenzen jedem bekannt. Mit Spezialitäten aus Lateinamerika, selbst genähten Einzelstücken, Fladenbrot, portugiesischen Speisen oder urigen Cafés bietet die Heerstraße eine interessante Mischung aus Einzelhandel und Gastronomie. Ein Spaziergang abseits des Großstadttreibens lohnt sich. Geschäftsstraße war die Heerstraße schon immer.

Anfang des 20. Jahrhunderts war die Nordstadt ein Handwerkerviertel, wo die Menschen unter einfachen Bedingungen hausten und arbeiteten. In der Heerstraße reihte sich Geschäft an Geschäft. In beinahe jedem Haus war ein Laden für den täglichen Bedarf zu finden. Die Rollläden der Geschäfte waren 12 Stunden am Tag geöffnet, die Kunden kauften rund um die Uhr – viele jedoch auf Pump. In einem Büchlein ließen sie anschreiben, freitags musste jedoch gezahlt werden. Heute gilt die Heerstraße als begehrtes Wohnviertel, die Mietpreise sind hoch. Auf Pump kauft hier keiner mehr. Den Charakter des Einzelhandels bewahrt Fatima Bütow in ihrem Bekleidungsgeschäft „Double Six" an der Ecke Dorotheenstraße. Etwa genauso lange wie das gegenüberliegende Café Pawlow, das sich am Abend in eine Kneipe verwandelt, verkauft Bütow seit den 80er-Jahren Selbstgenähtes.

Im Double Six auf der Heerstraße.

„Meine beiden Tanten haben genäht. Eine war Schneidermeisterin, die andere hatte eine Textil-Kunstfachschule besucht. Als Kind habe ich von ihnen gelernt", erzählt Fatima Bütow den Weg vom ersten Stich zum eigenen Laden in der Heerstraße. „Ich habe Asien bereist und mir alte Webtechniken angeschaut, was mich noch heute inspiriert. Als ich Mutter geworden bin, wollte ich, dass mein Kind bei mir sein kann, wenn ich arbeite", so Bütow. Zu diesem Zeitpunkt suchte der Inhaber des Secondhand-Geschäfts, das sich damals im Ladenlokal befand, einen Nachfolger. Bütow ergriff ihre Chance, mietete den Laden an und füllte ihn mit ihren bunten Einzelstücken.

Am anderen Ende der Heerstraße liegt das Ecklokal von Alvaro Vesga Varas, welches ähnlich groß und ähnlich geschnitten ist wie Bülows Bekleidungsgeschäft. Statt Kleidung sieht man hier Maismehl und Trinkschokolade aus Kolumbien, Chilisoße aus Peru, Bohnen aus Ecuador, Mate-Tee aus Argentinien sowie Chilisorten aus Mexiko in den Regalen. Vor rund 20 Jahren hat der Kolumbianer seinen lateinamerikanischen Lebensmittelmarkt „La Tienda Latina" eröffnet. „Die Altstadt ist im Gegenteil zu anderen Stadtteilen sehr lebendig, vor allem abends. Während woanders die Straßen ab sechs Uhr immer leerer werden, füllen sie sich hier immer mehr", charakterisiert der Kolumbianer den Standort.

Wer um diese Uhrzeit nicht zum Einkaufen in die Heerstraße kommt, der kommt vermutlich für ein Bier. Die Altstadt hat heute die größ-

Im La Tienda Latina auf der Heerstraße.

te Kneipendichte in Bonn. In der Heerstraße finden die Nachtschwärmer die Kultkneipen „Pawlow“ und „Wache“ oder etwa den Irish Pub „John Barleycorn“. Letzterer hieß bis 2022 „Macholds“ und war ein Relikt aus den alten Zeiten der Nordstadt: Von 1919 bis 1985 braute und verkaufte die Familie Macholds hier ihr eigenes Bier. Bekannt als tüchtige und erfolgreiche Geschäftsfrau war vor allem Frida Machold, die Tochter des Gründers Wilhelm, die den Familienbetrieb ab 1936 übernahm. Sie war nicht nur für den Ausschank an der Eckkneipe und ersten Bonner Stehbierhalle in der Heerstraße zuständig, sondern für circa vier weitere Gasthäuser in ganz Bonn. Hinzu kam das Eintreiben der Miete in den Wohnungen der Familie. Immer am Ersten des Monats soll man sie mit einem Täschchen von Wohnung zu Wohnung laufen gesehen haben, um das Geld einzutreiben. Nach 1985 übernahm die Kurfürsten AG das Geschäft. Diese braute wiederum auf dem Gelände des heutigen Kurfürsten-Carrés zwischen den Heerstraßen-Kreuzungen Dorotheenstraße und Bornheimer Straße. Dort stand zuvor eine Jedermann-Küche. Der Besitzer eines Kolonialwarengeschäftes hatte sie eröffnet, um armen Menschen ein Mittagsessen für nur eine Mark zu ermöglichen.

Die Dämpfe der Brauerei zog über die gesamte Heerstraße in die Nordstadt. Gepaart waren Handel und Geruch nach Hopfen mit den Geräuschen klappender und polternder Pferdefuhrwerke. Vielleicht klapperte und polterte es ähnlich, als in Römerzeiten die Soldaten über die Heerstraße marschierten. Der Name der Altstadt-Straße verrät, dass sie den Römern bis etwa 430 nach Christi als Militär- und Fernstraße nach Trier diente. In Höhe der Wolfstraße erinnert ein Meilenstein an die frühe Geschichte der Heerstraße. Er ist eine Replik. Das Original stand einst in der Köln-Trierer Heerstraße und gab nicht nur die Entfernung an, sondern diente auch der Verehrung von Kaiser und Göttern. Heute wiederum dienen die Denkmäler häufig als Fotomotiv für Touristen und Einheimische, die zur Kirschblüte in Heerscharen unter das rosa Dach der am Straßenrand blühenden Bäume kommen und sich vielleicht in dem ein oder anderen kleinen Fachgeschäft ein Souvenir mitnehmen, das sie neben dem perfekten Foto an den Ausflug in diese urige Straße erinnert.

Der Abguss eines römischen Meilensteins in der Heerstraße.

Frankenbadplatz

Auf dem Bonner Frankenbadplatz im Zentrum der Nordstadt versammeln sich tagtäglich die die unterschiedlichsten Menschen. Tagsüber lockt der Kaffee die Nachbarschaft, Familien, Freunde und Studenten auf den Vorplatz des städtischen Schwimmbades „Frankenbad“. Ein rollender Kaffeestand serviert alle Spezialitäten des munter machenden Getränkes, nach denen es den Gast nur gelüsten kann, sowie Kuchen. Auf steinernen Plattformen am Rande des Platzes, auf den Bordsteinen oder den kleinen Grünflächen machen es sich die Menschen gemütlich. Einmal in der Woche steht ein großer, kunterbunter Anhänger in der Mitte des Platzes. Bis zum Rand ist er mit Spielzeugen gefüllt. Das Spielemobil der Stadt verwandelt den Frankenbadplatz zum Paradies für Kinder, die dann hier fröhlich und lautstark herumtoben.

Daneben spielen die Jugendlichen und Erwachsenen. Auf einem Basketballfeld mit weichem Grund lassen sie im gleichmäßigen Rhythmus die Bälle klatschen. Wenn sie einen Treffer landen, klirrt die Kette des Korbes. Im Sommer wird das Klatschen des Balles vom Platschen des Wassers begleitet. Auf dem Platz befindet sich ein Brunnen, der wie ein Korridor angelegt ist. An seinen Seiten sprudeln Wasserfontänen in die Mitte des Flures. Für Kinder ist der Brunnen das zweite Spielparadies auf dem Frankenbadplatz. An warmen Tagen sieht man sie durch den Wasserkorridor flitzen, wenn sie nicht gerade auf dem benachbarten Spielplatz buddeln oder wippen.

Ebenso wohl wie die Kinder fühlt sich auf dem Frankenbadplatz die „Szene“. Auf den Park-

Der Kurfürstenbrunnen auf dem Vorplatz des Bonner Frankenbades.

Die Skulpturengruppe von Loic Devaux aus dem Jahr 2013 ist bei den Besuchern des Frankenbades und den Altstädtern als Sitzgruppe beliebt.

bänken rund um den Brunnen sowie auf den Stufen, die zum Schwimmbad führen, sitzen die täglich Trinkenden und Berauschten. Szene und Familie führen – trotz einiger kritischer Stimmen aus der Nachbarschaft – noch eine friedliche Koexistenz. Und am Abend trinken die Studenten hier ihr Bier.

Ein beliebter Treffpunkt war der Frankenbadplatz schon immer. Bevor das Schwimmbad ab 1960 gebaut worden ist, hieß er Adolfsplatz. Die Freifläche war die größte der Stadt. Die Kinder der Nordstadt nutzten ihn als Spielfläche. Ab 1901 entschied die Stadtverwaltung, den Platz für Freizeit, Erholung und Aufenthalt zu gestalten. Ein Kinderspielplatz, Sitzgelegenheiten und Toiletten wurden eingerichtet. Jahrmärkte, Kirmes und Großveranstaltungen fanden statt. Um 1903 standen auf dem Adolfsplatz Zirkuszelte, sogar eine Eisbahn wurde aufgebaut. Ab 1910 wurde der Platz offiziell für das sich damals etablierende Fußballspiel ausgewiesen.

Spiel, Freizeit und Erholung fanden jedoch mit dem Zweiten Weltkrieg erst mal ein Ende. Das NS-Regime nutzte den Adolfsplatz für politische Machtdemonstrationen. 1940 wurde ein öffentlicher Luftschutzraum eingerichtet. 1942 ließen die Nazis von Kriegsgefangenen ein Bassin für Löschwasser auf dem Platz errichten. Die große Freifläche inmitten der eng bebauten Nordstadt gewann zwar nach dem Krieg ihre Funktion als Freizeitfläche zurück, verkam aber mehr und mehr. In der jungen Bundesrepublik stieg wiederum das Bedürfnis nach Schwimmkultur. Das damals einzige Schwimmbad Bonns, das Viktoriabad, wurde zu klein. Der Bau eines weiteren Bades musste also Abhilfe schaffen. Es kam auf den Adolfsplatz, der damit zwar an Fläche einbüßte, nun aber ein weiteres Freizeitangebot hatte. Am 22. Juni 1963 wurde das Frankenbad eingeweiht.

Auch wenn das Schwimmbad inzwischen in die Jahre gekommen ist und mehr und mehr verkommt, ist der Platz für die Nachbarschaft attraktiv. Um das Bad herum finden sich einmal die Woche Marktstände ein, die Brot, Obst, Gemüse oder Pizza feilbieten. Bereits als der Frankenbadplatz noch Adolfsplatz hieß, stand er in enger Verbindung zum Markt. Gegenüber dem Frankenbad, dort wo sich heute der Kunstverein am Hochstadtenring befindet, gab es bis in die 70er-Jahre hinein einen Großmarkt. Arbeiter standen an, um als Tagelöhner aufgerufen zu werden. Kinder schlängelten sich durch die Markthallen, um heimlich von den Leckereien zu kosten oder sich gar satt zu essen, und Bauern kamen mit ihren Wagen und Pferden, um ihre Ware loszuwerden. Die Pferde sah man damals häufig auf dem Adolfsplatz warten. Sie fristeten ihre Freizeit zwischen Ankunft und Abfahrt auf der Spielwiese der Nordstadt.

Bornheimer Straße

Ein Engel spielt Geige, ein anderer liest ein Buch. Zwischen ihnen sitzt eine Frau, die einen Kranz und eine Notenrolle in der Hand hält. Ihr Kopf neigt sich schräg nach oben Es ist die in Marmor verewigte Clara Schumann, die zum Porträt ihres verstorbenen Ehemannes, dem Komponisten Robert Schumann aufblickt. Die Ehefrau als Muse ist im Begriff, dem Musiker den Kranz der Unsterblichkeit zu reichen. Der Geige spielende Engel bekräftigt einmal die Leidenschaft zur Musik, der andere Engel liest sich ins Reich des Liedes. Diese poetisch-sanfte Ruhestätte des Ehepaares Clara und Robert Schumann hat eine Vorgeschichte, die einer Tragödie gleicht. Sie hat ihren krönenden Abschluss auf dem Alten Friedhof an der Bornheimer Straße in Bonn gefunden. Auch wenn die Straße an sich hauptsächlich als Verbindung vom Zentrum zum Industriegebiet, von der Innenstadt zur Autobahn, genutzt wird, geistert sie durch die Kunstgeschichte.

Der Alte Friedhof liegt am Beginn der Bornheimer Straße, die sich mehrere Meter durch die Nordstadt schlängelt und schließlich zur Dransdorfer Industrie führt. Heute würde man den Alten Friedhof als zentral bezeichnen. 1715 ließ ihn Kurfürst Joseph Clemens außerhalb der Stadtmauern errichten, um eine Entlastung für die innerhalb der Stadtmauern liegenden überfüllten Kirchenfriedhöfe zu schaffen. Er wollte erreichen, dass in der damals als „neuer Friedhof“ bezeichneten Ruhestätte fortan einfache Einwohner, Passanten und Soldaten beerdigt werden. Die innerstädtischen Friedhöfe sollten den bessergestellten Bürger vorbehalten sein. Es dauerte einige Jahre – über den Tod von Joseph Clemens hinaus – bis dieses Vorhaben von der Bevölkerung angenommen wurde, die es weiterhin vorzog, in der Nähe ihrer Pfarrkirche beerdigt zu werden. Erst als Kurfürst Maximilian Franz 1787 die innerstädtischen Friedhöfe schließen ließ, etablierte sich das heute als „Alter Friedhof“ bezeichnete Grabfeld. Mehrmals musste es stark erweitert werden, da die Bonner Bevölkerung und damit auch die Zahl der Toten stark anstieg. Gartenkünstler Peter Joseph Lenné verwandelte die Ruhestätte in eine parkartige Anlage, die den Alten Friedhof inzwischen zum beliebten, idyllischen Ausflugsziel mitten in der Stadt macht.

Bei einem Spaziergang durch den Friedhofspark begegnet man Gräbern bekannter Persönlichkeiten, etwa dem des Geigenlehrers Beethovens, Franz Anton Ries, sowie dem der Mutter Beethovens. Ernst Moritz Arndt liegt hier ebenso begraben wie August Wilhelm von Schlegel. Bleiben wir noch einmal am Grabmal von Robert und Clara Schumann stehen und verfolgen ihre Geschichte, die an der Bornheimer Straße in Marmor verewigt ist. Robert Schumann kam 1851 zum ersten Mal in Kontakt mit Bonn. Zu dieser Zeit lebte er als städtischer Musikdirektor in Düsseldorf. Am 15. Mai zog ihn der Wunsch nach Bonn, das Denkmal und Geburtshaus seines Musiker-Kollegen Ludwig van Beethoven zu besuchen. Im gleichen Jahr kam Schumann ein weiteres Mal nach Bonn. Am 19. Juli bestieg er mit seiner Frau Clara ein Dampfschiff, das sie in die Schweiz brachte. Zwei weitere Bonner Aufenthalte für Konzerte folgten, die jedoch mit Krankheit und Unwohlsein endeten und wohl Vorboten des weiteren Schicksals Schumanns waren. Nachdem der Komponist am 27. Februar 1854 einen Selbstmordversuch im Rhein in Düsseldorf beging, wurde er am 4. März in die „Anstalt für die Behandlung von Gemütskranken und Irren“ in Endenich – heute ein Bonner Stadtteil – eingewiesen. Die Diagnose lautete „Melancholie und Wahn“, mit der er in der Heilanstalt, die heute

August Macke – Unsere Straße in Grau, 1911.

August-Macke-Haus in Bonn, Bornheimer Straße 96.

als Schumann-Haus bezeichnet wird, lebte. Am 29. Juli 1856 starb er und erhielt auf dem Alten Friedhof sein Ehrengrab. 40 Jahre später wurde seine Muse und Ehefrau Clara Schumann ebenfalls hier begraben.

Die Geister großer Persönlichkeiten sind nicht nur auf dem Alten Friedhof zu finden. Jenseits der Mauern der Ruhestätte, entlang von Häuserzeilen, Friseuren, Imbissen und Restaurants der Nordstadt folgen wir der Bornheimer Straße bis an die Kreuzung zum Hochstadenring. Wieder führt uns ein Porträt in die Geschichte einer außerordentlichen Biografie ein. Der Kopf des expressionistischen Künstlers August Macke erstreckt sich über drei Stockwerke auf der Glasfassade des Museums, das dem bildenden Künstler gewidmet ist. Es befindet sich in seinem damaligen Wohnhaus.

August Macke, 1887 geboren, wuchs in der Thomas-Mann-Straße auf. Die Familie kam 1900 aus dem Sauerland nach Bonn. Drei Jahre später lernte er Elisabeth Gebhard kennen. Sie war die Tochter eines Bonner Fabrikanten, der seine Fabrikgebäude dort hatte, wo heute ein Museum dem Künstler Macke gewidmet ist. Aber bis zum Museum war es ein langer Weg. Mit 17 Jahren wurde Macke an der Düsseldorfer Kunstakademie aufgenommen, die er aber zwei Jahre später wieder verließ. 1907 heirateten August Macke und Elisabeth Gebhard und entschieden 1910 nach mehreren Reisen, sich in Bonn im Elternhaus Elisabeths niederzulassen. Macke richtete sich sein eigenes Atelier ein, wo viele seiner wichtigsten Arbeiten entstanden. Es wurde zu einem zentralen Ort für zeitgenössische Künstler, die sich im Bonner Atelier Mackes gerne trafen und austauschten.

1914 wird diese Blütezeit der Kunst jäh durch den Krieg beendet. Macke wird als Soldat eingezogen und fällt wenige Wochen später mit nur 27 Jahren. Er konnte Bonn, sein Atelier und seine Werke nie wieder sehen. Die Bonner hingegen können dank des Vereins „August Macke Haus", der 1989 gegründet worden ist, den Ort des kurzen Schaffens an der Bornheimer Straße besuchen, das umfangreiche Werk Mackes besichtigen und sich mit der Epoche des rheinischen Expressionismus auseinandersetzen.

Kölnstraße

Der Hals einer metallenen Teekanne beugt sich über die Öffnung eines kleinen Gläschens, die Kanne hebt sich immer weiter und höher in die Luft, sodass der goldene Tee im weiten Bogen durch das Nichts fällt, bis er das Teegläschen erreicht, das sich füllt und auf dem sich zum Schluss eine Schaumkrone bildet. Auf dem Stiftsplatz an der Kölnstraße wird marokkanische Kultur gepflegt. Im kleinen Bistro „Le Petit Marrakech“ von Youssef Mrabet gibt es nicht nur marokkanischen Minztee, sondern auch landestypisches Essen. Seit 2022 hat Bonn sein kleines Marrakech, in dem fremde Genüsse und alltäglich bekanntes Treiben serviert werden. Auf der Terrasse des Bistros, direkt am Stiftsplatz, kann man das geschäftige Hin und Her der Kölnstraße gut beobachten.

Die Kölnstraße beginnt am Bertha-von-Suttner-Platz im Bonner Zentrum, zieht vorbei am kleinen Marrakesch am Stiftsplatz und führt durch die Bonner Nordstadt und Buschdorf bis über die Stadtgrenzen hinaus nach Bornheim. Früher bestand sie aus zwei Teilen – dem innerhalb und dem außerhalb der Stadtmauern liegenden Straßenabschnitt. Um 1290 ist das Kölntor nachgewiesen, das als Teil der Stadtmauer zwischen der heutigen Kasernenstraße und dem Wilhelmsplatz lag. Der Straßenabschnitt außerhalb der Stadtmauern war eine wichtige Handelsstraße nach Köln. Zudem gab es ab diesem Teilstück seit dem Hochmittelalter eine Hinrichtungsstätte des Bonner Hochgerichts sowie ein Leprosorium, also eine Kolonie, in der Leprakranke von der Stadt isoliert wurden. Der Straßenabschnitt innerhalb der Stadtmauern zog sich bis an die Bonngasse, die wiederum bis zum Markt führt.

Youssef Mrabet hat die marokkanische Großstadt Marrakesch mit seinem Bistro „Le Petit Marrakech“ in die Bonner Kölnstraße geholt.

Das Kölntor trennte die Kölnstraße bis etwa ins Jahr 1825, dann wurde es zugunsten des Ausbaus des Wilhelmsplatzes abgerissen. Den Platz gibt es seit 1830. Von hier aus fuhren seit 1891 die Vorgänger der Straßenbahnen ab, Pferdebahnlinien verkehrten zwischen Platz und Markt. Heute ist es genau der Teil der Kölnstraße, der nicht von der Straßenbahn befahren wird. Sie biegt von der Oxfordstraße am Landgericht in die Wilhelmsstraße ein, hält am Wilhelmsplatz und tritt ihren Weg auf der Kölnstraße an. Zwischen den Haltestellen Wilhelmsplatz und Chlodwigplatz spielt sich das Leben der Bonner Nordstadt ab. Dönerimbisse, Orientalische Supermärkte, Fahrschulen, eine Fladenbrot-Bäckerei, ein Waschsalon und mehrere Friseure rahmen die von Kneipen, Kiosken, Restaurants und Cafés beseelten Straßen der Altstadt, die Breite Straße und die Heerstraße. Vom Fenster der Straßenbahn aus sieht man lediglich ihren Anfang an der Kölnstraße und erahnt anhand all der Fußgänger und Radfahrer, dass dort das pralle Leben herrscht. Nach der Haltestelle Chlodwigplatz fährt die Bahn eine scharfe Kurve und verlässt die Kölnstraße wieder.

Während der Kurzstrecke durch die Altstadt ist die Bahn an einem Traditionsunternehmen vorbeigefahren. Das große, steinerne Gebäude von Johannes Klais Orgelbau steht an der Kölnstraße 148. Der Betrieb ist eine der weltweit

Der Beginn der Kölnstraße vom Bertha-von-Suttner-Platz aus.

führenden Orgelbauwerkstätten und wurde 1882 gegründet. Ihre Anfänge nahm die Werkstatt in der Breiten Straße, 1894 zog sie in die Kölnstraße um, wo ein Wohn- und Betriebsgebäude gebaut wurden. Die Orgeln, die in dem Unternehmen hergestellt oder restauriert werden, gehen in die ganze Welt. Aufsehen erregte beispielsweise 1975 ein Auftrag von den Philippinen: Eine Bambusorgel, die einzige ihrer Art, war im Laufe der Jahre so verfallen, dass sie dringend restauriert werden musste. Das Bonner Unternehmen wurde damit betraut, baute das Instrument ab und flog die Einzelteile bis nach Bonn in die Werkstatt ein, wo es wieder instand gesetzt wurde.

Wir setzen uns auf die Terrasse des „Le Petit Marrakechs", vis-à-vis zur Stiftskirche, die 1879 bis 1886 erbaut worden ist. Sie hatte mehrere Vorgängerbauten, die bis ins sechste Jahrhundert zurückzuverfolgen sind. Dazu gehörte um 1015 ein Benediktiner-Konvent, aus dem sich im 15. Jahrhundert ein Damenstift entwickelte. Unter der Stiftskirche vergruben die Stiftsdamen ihre verstorbenen Mitschwestern in einer Gruft, die inzwischen unter der neuen Kirche liegt. Das Kirchengebäude, das damals über der Gruft stand, wurde 1672 aus Verteidigungsgründen abgerissen. Die Stiftsdamen waren bereits zuvor vor der Pest aus Bonn geflüchtet. Ab 1879 kam an die Stelle der alten Kapelle ein neuer Kirchenbau, der jedoch im Zweiten Weltkrieg zerstört wurde. Erst 1964 begann man die Kirche wieder aufzubauen und vollendete den Bau 1973.

Der Christusbrunnen vor der Stiftskirche.

Schenken wir uns noch einmal im hohen Bogen ein Glas Minztee ein und blicken, während wir daran schlürfen, auf die andere Straßenseite. Gegenüber der Stiftskirche steht der Christus-Brunnen. Dieser wurde 1878 ursprünglich auf dem Nordfriedhof aufgestellt, ebenfalls an der Kölnstraße, nur etliche Meter weiter Richtung Stadtgrenze. Jesus Christus steht in der Figurengruppe aufrecht über den vier Evangelisten und breitet seine Arme zum Segen aus. Einst auf einem Friedhof beheimatet, umgeben von Gräbern und Toten, stellte er das ewige Leben und die Besinnung dar. 1971 wurde den Gräbern dieses Symbol jedoch genommen. Der Brunnen musste dem U-Bahn-Bau weichen und wurde 1973 auf seinen heutigen Standort am Stiftsplatz gestellt. Seine Arme breitet Christus schon längst nicht mehr aus. Sie sind in der ramponierten Figurengruppe nur noch im Ansatz zu erkennen, genauso wie die Gesichter die Skulpturen, deren Material von der Zeit zerfressen wurde. Christus steht mit dem Rücken zur Stiftskirche und zu uns, die wir die Kanne Minztee geleert und allerlei über die Kölnstraße gelernt haben.

Kennedybrücke

Wo genau befinden wir uns eigentlich, wenn wir mitten auf der Kennedybrücke stehen? In Bonn oder in Beuel? Haben wir etwa ein Niemandsland gefunden oder im Gegenteil ein Fleckchen Bonn, das mehrere Orte gleichzeitig umfasst? Täglich passieren unzählige Bonner diesen schmalen Grat zwischen zwei Zentren und nehmen ihn kaum mehr als einen Durchgang wahr, um das nächste Ziel im nächsten Zentrum zu erreichen. Aber dieses Kapitel schenkt der Kennedybrücke einen Augenblick des Innehaltens und macht sie selbst zum Zentrum der Betrachtungen.

Wer am Geländer steht, kann seinen Blick schweifen lassen: Weit ins Siebengebirge, auf den Drachenfels, auf die hohen wie ufernahen Gebäude der Stadt und den Rhein entlang. Beim Betrachten der idyllischen Aussicht schleicht sich ein mulmiges Gefühl ein. Der Standort ist einfach zu gewaltig. Laut strömt der mächtige Rhein unter den Füßen hinweg, das Rauschen des Wassers und des Verkehrs erfüllt den Ort. Autos und Straßenbahnen im ständigen Hin und Her sind die Symphonie des alltäglichen Lebens in Bonn. Fahrräder kämpfen sich auf die Höhe der Brücke, um gemütlich ab ihrer Mitte hinunterzurollen. Dabei brettern sie wie die Autofahrer über metallene Bodenplatten, die jedes Mal, wenn ein Reifen sie berührt, wie ein Frosch laut quaken. Stille sucht man an diesem Ort vergeblich. Und doch bildet er ein innerstädtisches Idyll. Chaos trifft auf einen geraden Weg, Lärm auf eine malerische Aussicht und der Spaziergänger hat festen Boden unter den Füßen über einem gewaltigen Strom.

Das Brückemännnchen an der Kennedybrücke.

Diesen festen Boden über dem Rhein hatten die Bürger Bonns ab 1898, als die Alte Rheinbrücke den ersten Bogen zwischen dem Bonner Zentrum und den rechtsrheinischen Gemeinden schlug. Vorher waren die heutigen Stadtteile mit einer Fähre mit Bonn verbunden. 1902 kam das Rattern der Bahnen auf den Rhein, als die elektrische Straßenbahn zwischen den beiden Rheinseiten verkehrte. Dass die Bonner sich heute aber nicht mehr auf der Alten Rheinbrücke, sondern auf der Kennedybrücke bewegen, liegt daran, dass das alte Bauwerk im Zweiten Weltkrieg 1945 vom deutschen Militär gesprengt wurde. Die erneute Trennung beider Rheinseiten war aber nur für kurze Dauer. Bereits 1946 wurde mit dem Bau einer neuen Brücke begonnen und nur 36 Monate später wurde die neue Rheinbrücke eröffnet. Sie steht auf den Pfeilern der Alten Rheinbrücke. Ihren heutigen Namen trägt die Rheinbrücke seit dem 2. Dezember 1963. Zehn Tage nach der Ermordung des US-amerikanischen Präsidenten wurde das Bonn-Beueler Bindeglied im Gedenken an den Ermordeten umbenannt.

Obgleich eine Brücke das Symbol der Verbindung ist, treiben Bonner und Beueler ihre ganz eigene Metaphorik mit der Kennedybrücke.

Kennedybrücke, eine Luftaufnahme.

Anstatt sich die Hand zu reichen, strecken sich beide Rheinseiten lieber mit ihren „Brückenmännchen“ den Hintern entgegen. Rechtsrheinisch lag das Beueler Gebiet in greifbarer Nähe zu Bonn, aber die Gemeinden waren eigenständig und stolz darauf. Als es um den Bau der Rheinbrücke ging, entzündete sich ein Streit zwischen Bonn und Beuel bei der Frage, wo sie denn genau stehen sollte. Die Brücke wurde gebaut, aber Beuel verweigerte den finanziellen Zuschuss. Die Bonner reagierten mit ihrem „Bröckenmännche“: ein steinernes Kerlchen, das am Brückenpfeiler der Bonner Rheinseite Beuel seinen blanken Hintern entgegenstreckt. Das ließen sich die Beueler nicht gefallen und reagierten ihrerseits mit dem „Brückenweibchen“, das wiederum Bonn den Allerwertesten zeigt. Als die Brücke 1945 gesprengt wurde, ist das „Brückenmännchen“ gefallen, wurde aber gerettet und aufbewahrt. Heute sieht man wieder die steinernen Hintern auf beiden Rheinseiten ihren Streit fortführen.

Zu Verbundenheit und Streit gesellt sich aber auch die Liebe, davon erzählt das Geländer der Kennedybrücke. Entlang des Handlaufs hängen Vorhängeschlösser. Sie zeugen von einer Zeit, in der die Kennedybrücke aufgrund eines Trends, der ab 2008 ganz Europa überrollte, zur regelrechten Pilgerstätte für Verliebte wurde. Im Angesicht des Rheines hängten die Paare feierlich ein Schloss, auf dem ihre Namen und das Datum ihres Zusammenkommens eingraviert ist, an das Brückengeländer – ein Symbol ihrer Liebe und ihrer Hoffnung auf Ewigkeit.

Ewig hielten die Schlösser allerdings nicht. 2014 hingen bis zu 3000 Schlösser an der Brücke, sodass am Metalllauf längst kein Loch mehr frei war. Also brachten die Verliebten Ketten und Fahrradschlösser an dem Geländer an und schufen Platz für weitere Liebessymbole. Diese sind inzwischen verschwunden. Die Stadt sah eine Behinderung des öffentlichen Verkehrsraums und entfernte viele Schlösser. Die Frage, ob sich die Hoffnung der Paare auf ewige Liebe erfüllt hat, können weder die Schlösser noch die Vorbeiziehenden beantworten. Doch eine Frage, die sich zu Anfang dieses Kapitels gestellt hat, muss nicht offenbleiben: Wo befinden wir uns genau, wenn wir auf der Kennedybrücke stehen? Die Grenze beider Stadtteile verläuft mitten durch den Rhein. Wer im Zentrum der Brücke steht, befindet sich auf der Schwelle von einem in den anderen Stadtteil. Im Grunde also sowohl in Bonn als auch in Beuel sowie im Niemandsland und sogleich an mehreren Orten gleichzeitig.

Beuel

Der Rhein rauscht unter den Füßen hinweg, während wir uns auf der Kennedybrücke Schritt für Schritt auf Beuel zu bewegen. Einen malerischeren Übergang zwischen zwei Stadtteilen findet man kaum ein zweites Mal in Bonn. Geradeaus begrüßt uns das Mehlemsche Haus in Stadtteil Beuel, der einst ein eigenständiges Dorf war.

Das Mehlemsche Haus markiert den Beginn eines kleinen Spaziergangs durch Beuel, der uns an dem Denkmal vorbei auf den Konrad-Adenauer-Platz und in die Friedrich-Breuer-Straße führt. Das Gebäude erscheint in gelber Fassade wie das Universitätshauptschloss. Im 18. Jahrhundert wurde es von Brückenmeister Johannes Paul Mehlem und seiner Frau Elisabeth Stammel auf dem Grund der Beueler Schanze erbaut. Diese war – wie der gegenüberliegende Alte Zoll – eine Wehranlage, die um 1583 errichtet worden und zahlreiche Male hart umkämpft worden ist. Der Grund, auf dem die Schanze stand, gehörte nicht etwa zu Beuel, sondern zu Combahn, einem Dörfchen, das sich vom Rhein aus zwischen Beuel und Vilich-Rheindorf schob. Durch seine Heirat mit Elisabeth hatte der Sohn einer Bonner Schifferfamilie, Johannes Paul Mehlem, die Tochter des Brückenmeisters von Combahn geheiratet. Die Familie war Inhaber der im Volksmunde genannten „Fliegenden Brücke“. Mit einer Gierseilfähre, einem Schiff, das an einem Drahtseil im Fluss verankert ist und sich vom Strom von Ufer zu Ufer bewegen lässt, transportierte Johannes Paul Mehlem die Bonner und Beueler über den Rhein. Der Schwiegersohn hatte die Nachfolge im Betrieb angetreten. Das vorherige Anwesen der Familie wurde bei einem Hochwasser im Februar 1784 gänzlich zerstört, was wiederum zum Bau des heute als Denkmal bekannten Mehlemschen Hauses führte.

Fabrice Salatin in seiner Eisdiele in Beuel.

Das Flusswasser trieb sehr häufig in der Geschichte sein böses Spiel mit Beuel. Weihnachten 1993 ging als Jahrhunderthochwasser in die Geschichte des Stadtteils ein. Das Wasser stieg in dieser Zeit so rasant an, dass es an Heiligabend einen Pegelstand von 10,13 Metern erreichte und Schäden in Millionenhöhe anrichtete. Statt Besinnlichkeit verbreitete der Rhein 1993 Kälte und Dunkelheit, nahm Strom und Heizung und auch die Telefonverbindung. Das Wasser breitete sich bis zur Hermannstraße aus. Die Seitenstraßen in Richtung Innenstadt wurden vom Fluss gänzlich überspült. Glücklicherweise können wir, von der Kennedybrücke kommend, unseren Spaziergang in Richtung Konrad-Adenauer-Platz trockenen Fußes fortsetzen. Heute präsentiert sich der Platz als Verkehrsknotenpunkt. Bahnen und Busse halten im Sekundentakt, was wiederum den Rhythmus des Ankommens und Abfahrens ins Beueler Zentrum bringt. Das war nicht immer so. Als dieses Fleckchen Beuel noch zum Dörfchen Combahn gehörte, fand man hier Weingärten, Gemüsefelder und Äcker vor.

Bis 1934 zog sich die Brückenstraße an der Stelle entlang. Ein Platz entstand erst unter

Das Mehlem'sche Haus in der Rheinaustraße 131 in Bonn-Beuel.

den Nazis, der von 1934 bis 1945 Adolf-Hitler-Platz genannt wurde. Nachdem er die Namen Beueler Platz und Friedrich-Ebert-Platz getragen hatte, nannte man ihn nach dem Tod des ersten deutschen Bundeskanzlers Konrad-Adenauer-Platz. In den 50er-Jahren war er zwar mit Bahngleisen ausgestattet schon Verkehrsknotenpunkt, beherbergte aber noch Blumenbeete, Hecken und einen Springbrunnen. Eine eingeschossige Ladenzeile zog sich entlang der Nordwestseite des Platzes, die 1961 zu einer fünfgeschossigen aufgestockt wurde. Wie der Platz weiterhin wachsen sollte, wurde lange diskutiert. Seit Ende 2015 ist das Bild, das sich heute für jeden Ankommenden und Abfahrenden auf dem Platz bietet, vollendet.

Wir setzen unseren Spaziergang fort und biegen ein in die Friedrich-Breuer-Straße, die parallel zu der lauten und verkehrstüchtigen Sankt-Augustiner-Straße verläuft und in Beuels ruhige Einkaufs- und Freizeitmeile führt. Auf dem Rathausplatz verweilen Familien in einem Eiscafé. Ihnen bietet sich auf beiden Straßenseiten eine breite Auswahl an Geschäften des täglichen Bedarfs, Gastronomie und Fachhandel. Das Kino „Neue Filmbühne“, das es seit 1933 gibt, komplettiert das Freizeitangebot des Stadtteils.

Am Ende der Friedrich-Breuer-Straße wachsen die orangenen Sonnenschirme der Eisdiele Etna wie Pilze aus dem Boden des Doktor-Weis-Platzes. Fabrice Salatin führt das Café seit 1997. Er kam vollkommen unverhofft aus der kleinen italienischen Stadt Treviso in der Nähe Venedigs nach Beuel. Salatin spielte als Junge in Treviso mit seinen Freunden in einer Bar Kicker, als schicke, teure Autos vorfuhren. Es war Winter – die Zeit, in der die Eisdielenbesitzer in Deutschland Arbeitspause machten und ihre Heimat Treviso besuchten. Drei Tage später sprach einer der Eisdielenbesitzer Salatin an. Und so fuhr der Junge am Ende des Winters mit nach Deutschland und begann seine Karriere mit der erfrischenden Leckerei.

1986 arbeitete er zum ersten Mal in Bonn, in der Eisdiele Lazzarin am Kaiserplatz. Eines Sommers ersetzte er seinen Bruder in der Eisdiele Etna in Beuel. Als der Bruder wiederkam, sagte Salatin dem damaligen Besitzer der Eisdiele zum Abschied: „Wenn du das Café irgendwann verkaufen willst, dann frage mich als Erstes.“

Zehn Jahre später, 1997, rief ihn der Besitzer an. Fabrice Salatin hatte zu dem Zeitpunkt längst vergessen, was er ihm einst gesagt hatte, und war deswegen sehr überrascht, als der Besitzer ihm die Eisdiele Etna zum Verkauf anbot. Nach mehreren schlaflosen Nächten nahm Salatin das Angebot an. „Ich habe es keine Minute bereut“, sagt er. „1999 war ein Knaller-Sommer. Wir hatten circa 400 Außenplätze, und die waren immer voll. Es gab damals mit uns nur zwei Eisdielen in Beuel. Viele parkten im Stadtteil, um ins Zentrum zu gehen. Auf ihrem Rückweg zum Auto holten sie sich immer ein Eis bei uns“, erzählt Salatin.

Weitere Bücher über Ihre Stadt

Bonn – Geschichten und Anekdoten
Mehr als ein Kuss!
Gigi Louisoder
80 Seiten, zahlr. S/w- Fotos
ISBN 978-3-8313-3373-8

Bonn – Kneipengeschichten
Chaos, Kölsch und Kellerrock
Sofia Grillo
80 Seiten, zahlr. Fotos
ISBN 978-3-8313-3402-5

Unsere Glücksmomente – Geschichten aus Bonn
Gigi Louisoder
80 Seiten
ISBN 978-3-8313-3325-7

Bonn – einfach Spitze! 100 Gründe, stolz auf diese Stadt zu sein
Martin Wein
104 Seiten, zahlr. Farbfotos
ISBN 978-3-8313-2904-5

Wartberg-Verlag GmbH
Im Wiesental 1 | 34281 Gudensberg
www.wartberg-verlag.de

Bücher für Deutschlands Städte und Regio
Tel. 0 56 03-93 05 0
Fax 0 56 03-93 05 28